中国产业发展报告
2019—2020

推动“十四五”时期
产业高质量发展

国家发展和改革委员会产业经济与技术经济研究所
著

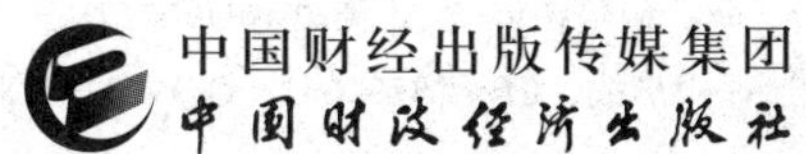

图书在版编目（CIP）数据

中国产业发展报告：推动"十四五"时期产业高质量发展. 2019-2020 / 国家发展和改革委员会产业经济与技术经济研究所著. -- 北京：中国财政经济出版社，2020.11

ISBN 978-7-5223-0111-2

Ⅰ.①中… Ⅱ.①国… Ⅲ.①产业发展—研究报告—中国—2019-2020 Ⅳ.①F124

中国版本图书馆CIP数据核字（2020）第191130号

责任编辑：闫　娟　　　　　　责任校对：徐艳丽

封面设计：陈宇琰

中国财政经济出版社 出版

URL：http：//www.cfeph.cn

E-mail：cfeph @cfemg.cn

社址：北京市海淀区阜成路甲28号　邮政编码：100142

营销中心电话：010-88191537

天猫网店：中国财政经济出版社旗舰店

网址：https：//zgczjjcbs.tmall.com

北京财经印刷厂印刷　各地新华书店经销

成品尺寸：185mm × 260mm　16开　13.75印张　177 000字

2020年11月第1版　2020年11月北京第1次印刷

定价：68.00元

ISBN 978-7-5223-0111-2

（图书出现印装问题，本社负责调换，电话：010-88190548）

本社质量投诉电话：010-88190744

打击盗版举报热线：010-88191661　QQ：2242791300

本书编委会

目录

第一章

“十四五”时期推进我国产业高质量发展的思路与对策

本章执笔：王云平　王海成　盛朝迅　任继球　李淑华

内容提要

产业高质量发展是指一个国家（地区）的产业达到结构优化、创新动能强劲、经济效益良好、生产方式绿色、区域布局合理、国际竞争力强的状态，能够提供优质的产品和服务来满足多样化和不断升级的市场需求，在更高水平上实现供给和需求的动态平衡。党的十八大特别是“十三五”时期以来，我国产业结构持续优化升级，部分领域创新能力明显增强，绿色发展水平不断提升，区域产业联动发展更加紧密，全球产业分工地位逐步攀升，产业发展的制度和政策环境不断完善，产业高质量发展迈出重要步伐。然而，与高质量要求相比，我国产业仍然存在着过快过早“去工业化”、自主创新能力较弱、产业结构不合理、产业链处于中低端水平、区域合理分工格局尚未完全形成、绿色生产方式亟待提高、企业经济效益下降等问题。“十四五”时期，我国产业发展面临的不确定因素增多，要正确处理好规模速度与质量效益、新兴产业培育与传统产业改造提升、供给与需求、国际竞争与合作、政府与市场等五个方面的关系，以建设现代产业体系、提升产业链现代化水平、优化区域产业布局、提高产业绿色发展能力、推动价值链迈向全球中高端水平为重点任务，加快构建支撑产业高质量发展的产业政策、创新政策、财政金融政策、环保政策和市场环境，推动产业质量变革、效率变革、动力变革，更好地支撑现代化经济体系建设，更好地满足人民日益增长的美好生活需要。

党的十九大报告提出，我国经济已由高速增长阶段转向高质量发展阶段。这是对我国经济发展阶段变化作出的重大判断，为今后我国经济发展指明方向、提出任务。推动经济高质量发展是当前和今后一个时期党和国家经济工作的重中之重，“十四五”时期是我国推进经济高质量发展的关键时期。产业高质量发展是经济高质量发展的基础和核心，全面把握产业高质量发展的内涵特征，正确认识“十四五”时期我国产业高质量发展的基础条件、存在问题、面临机遇和挑战，提出切实可行的推进思路、重点任务和对策措施，对我国制定和实施“十四五”时期经济社会发展规划、开启社会主义现代化建设新征程，具有重要意义。

一、产业高质量发展的内涵及特征

目前，学术界对产业高质量发展的内涵尚未形成共识。参照经济高质量发展的内涵[①]，我们认为，产业高质量发展应该包含三层含义：一是在产品（服务）供给上，能够不断提供更新、更好的商品和服务，满足人民日益增长的美好生活需要；二是在投入产出上，能够以最小的生产要素投入取得最大

① 2018年中央经济工作会议提出，高质量发展就是能够很好满足人民日益增长的美好生活需要的发展，是体现创新、协调、绿色、开放、共享发展理念的发展，也应是生产要素投入少、资源配置效率高、资源环境成本低、经济社会效益好的发展。

的产出，表现为劳动、资本、土地、资源、能源等要素投入产出效率的提高和企业经济效益的改善；三是在发展思路上，能够体现新发展理念要求，以创新为产业发展动力，区域城乡产业发展协调，产业开放度高，实现绿色发展，发展成果更多更公平惠及全体人民。根据以上内容，我们将产业高质量发展定义为：一个国家（地区）的产业达到结构优化、创新动能强劲、经济效益良好、生产方式绿色、区域布局合理、国际竞争力强，能够提供优质的产品和服务，满足多样化和不断升级的市场需求，在更高水平上实现供给和需求的动态平衡。按照这一内涵界定，参照发达国家的产业结构和体系，可以从六个维度把握产业高质量发展的特征。

特征一：产业结构优化。这是产业高质量发展的结构特征，正如钱纳里指出的“发展就是经济结构的成功转变”[①]。产业结构优化可以用两个维度来衡量。一是产业结构合理化。产业结构合理化是指为提高经济效益，要求在一定的经济发展阶段上，根据科学技术水平、消费需求结构、人口基本素质和资源条件，对起初不合理的产业结构进行调整，实现生产要素的合理配置，使各产业协调发展，形成现代化的产业体系。二是产业结构高度化。表现为在整个产业结构中，由第一产业占优势比重逐级向第二产业、第三产业占优势比重演进；由劳动密集型产业占优势比重逐级向资本密集型、技术密集型、知识型产业占优势比重演进；由制造初级产品的产业占优势比重逐渐向制造中间产品、最终产品的产业占优势比重演进。

特征二：创新动能强劲。创新动能是产业高质量发展的动力特征。创新动能足体现为创新是驱动产业发展的第一动力，产业升级对技术的需求基本能够得到满足，拥有一批专注科学发现和技术创新的研究机构和创新团队，掌握一批具有自主知识产权和核心竞争力的核心技术，主导产业的关键核心

① 钱纳里等:《工业化和经济增长的比较研究》，吴奇等译，上海三联书店、上海人民出版社，1995年，原版前言第1页。

技术达到同期世界先进水平，在若干新兴产业领域创新处于世界前沿，能够对世界科技进步作出重要贡献。

特征三：经济效益良好。经济效益是产业高质量发展的效益特征。只有经济效益好，产业发展才具有可持续性。主要反映在两个方面：一是资源配置效率高，劳动生产率、资本产出率、全要素生产率处于世界较高水平；二是投入产出比高，能够以最小的投入获得最大的产出，即利润水平较高。

特征四：生产方式绿色。产业发展与环境相协调，是产业高质量发展的环境特征。表现为形成覆盖全链条低能耗、低排放、可循环的绿色生产方式，资源能源利用效率达到世界先进水平，单位产值资源能源消耗不断下降；拥有比较先进的绿色环保产业和技术支持体系，能够生产制造具有标志性的重大节能环保技术、工艺和设备，为各行业各领域绿色循环低碳发展提供支撑。

特征五：区域布局合理。产业区域布局是产业高质量发展的区域特征。表现为在承认区域差异基础上根据不同区域资源禀赋特色，培育彰显各地区比较优势的主导产业和产业集群，形成“突出特色、各展所长”“优势互补、分工合作”区域产业发展格局，避免各成体系、相互分割和同质化竞争，最终达到各区域产业发展整体“帕累托最优”。

特征六：国际竞争力强。一个国家的产业只有在国际竞争中才能体现出质量的高低，反映在两个方面：一是产品具有明显的价格优势或质量优势，可用一个国家某种产品出口额占世界该类产品总出额的比重衡量；二是价值链处于全球中高端水平，拥有一批产业链供应链头部企业或核心企业，具有自主知识产权和自主品牌的产品在出口中占比相对较高。

二、我国推进产业高质量发展的现实基础与制约因素

新中国成立70多年来，我国成功地走出了一条中国特色的工业化道路，建立了门类齐全、独立完整的现代工业体系，走过了发达国家几百年的工业化历程，实现了从无到有、从小到大的跨越，开启了由大变强的征程。特别是党的十八大以来，我国实施一系列治国理政新理念新思想新战略，为推动产业高质量发展奠定了基础。

（一）我国推进产业高质量发展的现实基础

1.产业结构持续优化

近年来，我国围绕推动经济新旧动能转换，以供给侧结构性改革为主线，加大产业结构调整力度，产业转型升级取得了积极成效。

一是三次产业结构持续优化。2011—2019年，我国三次产业结构从9.5∶46.2∶44.3调整为7.1∶39.0∶53.9，服务业占比持续上升，工业、农业占比逐步下降，产业结构服务化趋势更加明显。期间，2012年，服务业占GDP比重达到45.5%，比第二产业比重45.4%高0.1个百分点，首次超过第二产业成为国民经济第一大产业。此后，服务业占比持续上升，2015年超过50%。其中，高技术服务业和电子商务、大数据、互联网金融等新兴服务业蓬勃发展，对服务业占比提高贡献突出，信息传输、软件和信息技术服务业增加值占第三产业比重由2011年的4.77%上升至2018年的6.91%；租赁和商务服务业增加值占第三产业比重由2011年的4.59%上升至2018年的5.20%(见表1–1)。

表1–1 2011年以来我国产业结构变动情况

年份	第三产业占GDP比重（%）	高新技术产业增加值占规模以上工业比重（%）	信息传输、软件和信息技术服务业增加值占第三产业比重（%）	租赁和商务服务业增加值占第三产业比重（%）
2011	44.3	17.09	4.77	4.37
2012	45.5	16.86	4.87	4.59
2013	46.9	17.36	4.94	4.80
2014	48.0	19.23	5.17	4.96
2015	50.5	17.26	5.36	4.94
2016	51.8	18.50	5.70	5.07
2017	51.9	19.94	6.48	5.07
2018	52.2	20.84	6.91	5.20
2019	53.9			

资料来源：国家统计局网站数据整理。

二是高技术产业和战略性新兴产业快速发展。与传统制造业增速放缓形成鲜明对比，在创新驱动和需求牵引的共同作用下，技术密集型产业保持较快速度增长，高新技术产业增加值占规模以上工业比重由2011年的17.09%上升至2018年的20.84%，战略性新兴产业增加值由2011年占GDP的不到8%上升至2018年的15%，其中航空航天、电子通信、医疗仪器、新能源、新材料等产业发展尤为迅猛，高铁、核电等重大装备制造业竞争力居世界前列。

三是产业网络化数字化智能化水平持续提升。随着工业化和信息化融合发展不断深入，个性化定制生产模式在服装、家具等行业加快推广，协同研发制造在汽车、航空、航天等高端制造领域加速兴起，工业互联网逐步在石油、石化、钢铁、家电、服装、机械、能源等行业得到推广应用。截至2018年，开展网络化协同、服务型制造、个性化定制的企业比例分别达33.7%、24.7%、7.6%，企业数字化研发设计工具普及率和关键工序数控化率分别达到67.8%和48.5%。

四是农业结构持续优化。农业供给侧结构性改革深入推进，现代农业产业体系、生产体系、经营体系建设步伐加快，农业发展逐步从数量导向转向质量导向，粮经饲统筹、农牧渔结合、产加销一体等多种形式的农村产业融合深入发展，乡村产业振兴取得积极成效。

2.产业创新动能不断增强

我国高度重视创新对产业发展的驱动作用，特别是党的十八大以来，创新被提高到前所未有的高度。在贯彻落实新发展理念和大力实施创新驱动发展战略的共同影响下，创新已日渐成为各部门、各地方、各行业的自觉行动，极大地推动了我国产业创新能力的提升。

一是研发投入总量和强度持续提高。2019年，我国全社会研发支出达到2.17万亿元，连续七年位居全球第二，全社会研发强度达到2.19%，较2011年提升了0.41个百分点，达到欧盟国家的平均水平。其中，作为创新主体的企业不断加大科技投入力度，2018年规模以上工业企业有R&D活动企业占比为31.91%，比2011年提升16.67个百分点，R&D经费支出占主营业务收入比重为1.07%，比2011年提升0.36个百分点。

二是创新能力明显提升。“十三五”以来，我国科技整体水平与发达国家的差距逐步缩小，“三跑并存”中领跑、并跑的领域越来越多。根据世界知识产权组织的报告，最近三年我国创新指数全球排名从2017年的第23位、2018年的第17位跃升到2019年的第14位，是唯一进入前15强的发展中国家。2018年国内外专利申请授权合计达到190万件、技术合同成交额达到1.5万亿元，分别比2011年增长114.11%和175.59%，其中，高质量的PCT专利申请量达到53345件，比2015年增长了42%。我国科技人员发表的SCI期刊论文数量紧随美国之后，国际科技论文被引用量首次超过德国、英国。

三是创新人才队伍不断壮大。我国拥有1.7亿受过高等教育或拥有各类专业技能的人才，每年培养理工类大学生超过百万人，“工程师红利”正在进入加速释放期。同时，我国对海外人才吸引力不断增强。根据《中国海归人才吸引力报告》，2018年留学归国人员达到52万人，比2015年增长了近25%，其中30—40岁的海归人才占比不断攀升。特别是人工智能、电子信息等重点领域归国科技人才数量大幅增加。创新人才队伍不断扩大，为产业高质量发展提供了高水平人才保障。

3.绿色发展水平不断提升

近年来，我国各行业各领域牢固树立和认真践行绿水青山就是金山银山的理念，不断加大生态文明建设力度，绿色发展水平不断提升。2018年我国单位GDP能耗为0.95吨标准煤/万元，比2011年降低27.48%，比2015年降低12.24%。从排放来看，2011年单位GDP废水排放量为15吨/万元，2015年下降到10.7吨/万元，2018年进一步降至7.86吨/万元；单位GDP化学需氧量（COD）排放量从2011年的5.70千克/万元下降至2015年的3.20千克/万元，2018年降至1.49千克/万元，单位GDP二氧化硫排放量由2011年的5.10千克/万元下降至2015年的2.7千克/万元，2018年再降为0.97千克/万元（见图1–1）。能源消费结构持续优化改善，占我国能源消费总量比重第一的煤炭总体呈现下降趋势，由2015年的68.1%下降到2018年的59.0%；天然气、一次电力及其他能源等清洁能源占比总体持续提高，天然气由2015年的6.2%提高到2018年的7.8%，一次电力及其他能源（由2015年的6.1%提高到2018年的14.3%。

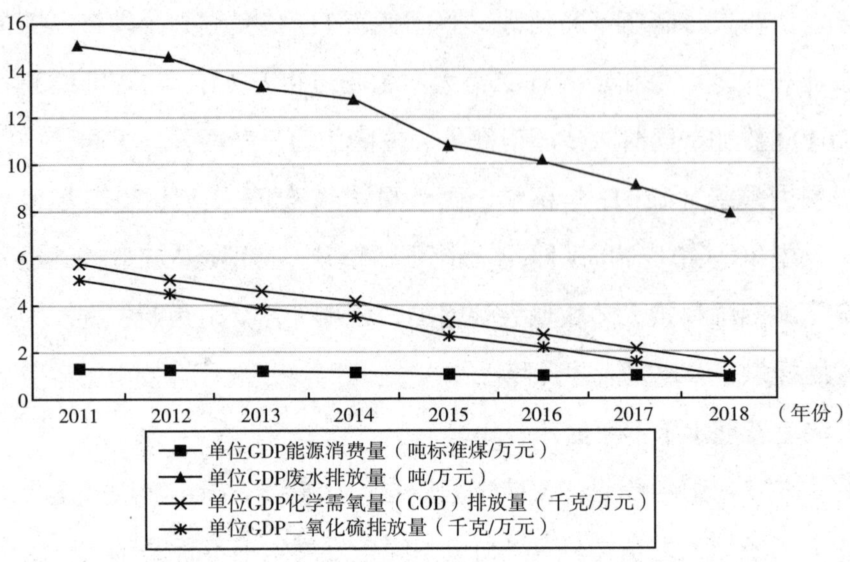

图1-1　我国绿色发展主要指标变化情况

资料来源：历年《中国统计年鉴》。

4.区域产业布局合理化和集群化深入推进

党的十八大以来，我国在继续落实鼓励东部率先发展、西部大开发、东北全面振兴、促进中部崛起等重大战略的同时，又相继实施了京津冀协同发展、长江经济带、共建“一带一路”、粤港澳大湾区建设、长三角一体化发展、黄河流域生态治理和高质量发展等新的区域发展战略。在市场力量和行政推动的共同作用下，我国产业和人口进一步向大湾区、长三角、京津冀、成渝等优势区域集中，各地区产业根据禀赋条件，基本形成了合理分工、优化发展的格局，区域产业一体化联动发展明显加快。特别是以各类产业园区和特色小镇为载体，形成了一批在国际市场具有较大影响力的产业集群。例如，粤港澳大湾区已经形成了数百个各具特色的产业集群，涵盖产业涉及陶瓷、纺织、家具、家用电器、电子信息、电器机械等产业。长三角地区的汽车、高端装备、生物医药、纺织服装等产业集群在国内市场占有较高的份额，整车产能占全国比重达到21%，零部件企业数量和产量占全国比重均超过

40%，新能源汽车市场份额将近30%；生物医药产值接近全国的30%，位列中国医药百强企业达到29家；集成电路产业规模占全国比重达到45%，集聚中芯、华虹等一批龙头企业，形成了设计—制造—封测的完整产业链。京津冀地区的汽车、电子信息、装备制造、生物医药等产业集群，在全国和世界也有较强的竞争力。

5.价值链在全球的分工地位逐步上升

党的十八大以来，我国充分利用国内产业配套能力强，产业链相对完整的优势，抓住全球经济格局调整和产业分工重塑的机遇，推动我国开发战略从大规模“引进来”到全方位“走出去”，再到共建“一带一路”，我国产业深度融入全球供应链分工合作，开放广度和深度显著拓展，在全球产业链价值链中的分工地位不断提升。测算表明，2011年我国参与国际贸易部门的产出上游渡指数（Output Upstreamness，OU）为2.29，2018年上升至2.56，表明我国嵌入全球价值链的位置总体上呈上升趋势[①]。贸易结构转型升级和自主品牌崛起也印证了这一点。2018年，我国一般贸易占整个贸易比重达到57.80%，较2011年的52.85%提高了4.95个百分点；拥有世界品牌500强企业数达到39家，相比2011年增加了18家（见表1–2）。

---

① 参照Miller and Temurshoev（2017）以及Antràs and Chor（2018）的方法，采用产出上游度（Output Upstreamness，OU）指数来衡量一国特定部门嵌入全球价值链的位置。在“等间距假设”下，即将任意相邻的两个生产阶段之间的距离设定为1，则i国m部门的产出上游度指数可由式给出：

$$OU_m^i = 1 \cdot \frac{f_m^i}{x_m^i} + 2 \cdot \frac{\sum_{n,j} a_{mn}^{ij} f_n^j}{x_m^i} + 3 \cdot \frac{\sum_{n,j}\sum_{s,k} a_{mn}^{ij} a_{ns}^{jk} f_s^k}{x_m^i} + 4 \cdot \frac{\sum_{n,j}\sum_{s,k}\sum_{t,l} a_{mn}^{ij} a_{ns}^{jk} a_{st}^{kl} f_t^l}{x_m^i} + \cdots$$

式中的OU_m^i测度了i国m部门与最终消费者的“距离”，衡量了该部门在全球价值链中的嵌入位置。该指标的值越大，则该部门嵌入全球价值链的位置越靠近上游，与最终消费者的距离越远；反之，该部门嵌入全球价值链的位置越接近下游，与最终消费者的距离越近。其中，i国m部门的产出上游度指数值在以下情况下将较大，或者该部门中间产出占其总产出的比重高（换句话说，该部门最终产出占其总产出的比重低），或者该部门与其他类似部门之间存在复杂和强的中间品供给关系。进一步地，可以用矩阵表示为：

$$OU = \widehat{X}^{-1}(F + 2AF + 3A^2F + \cdots) = \widehat{X}^{-1} L^2 F$$

根据该式，我们可以测度各国（地区）各部门的产出上游度指数，从而明确其全球价值链嵌入位置。

表1–2　　中国全球分工地位指标变化情况

年份	一般贸易占贸易比重（%）	世界500强企业数（家）	世界品牌500强企业数（家）	国家嵌入全球价值链的位置
2011	52.85	69	21	2.29
2012	51.98	79	23	2.39
2013	52.83	95	25	2.42
2014	53.76	100	29	2.47
2015	54.06	106	31	2.52
2016	55.13	110	36	2.58
2017	56.37	115	37	2.64
2018	57.80	120	39	2.56

资料来源：课题组整理和计算。

6.制度保障和政策环境不断完善

党的十八大以来，我国持续深入推进经济体制改革，进一步完善市场经济体制，市场在资源配置中日益起决定性作用，创新驱动、优胜劣汰的公平竞争体制机制和政策环境逐步建立。在创新政策方面，大力实施创新驱动发展战略，加快推动新旧动能转换，“大众创业、万众创新”开创新局面；在开放政策方面，面对部分发达国家“逆全球化”和贸易保护主义抬头的倾向，深入推进共建“一带一路”，加强国际产能合作，主动参与新国际贸易规则重构，积极探索新的全球化模式和路径；在环境政策方面，贯彻落实党的十八届五中全会提出的新发展新理念，出台了一系列促进产业绿色发展的政策，特别是“十三五”规划中确立了10个约束性资源环境指标，占经济社会发展25个指标的40%，并加大对绿色产业、绿色产品、绿色服务的支持力度，引导形成绿色生产和绿色消费模式。

（二）制约因素

从国际比较看，我国产业特别是制造业仍处于第三梯队，在迈向高质量发展的征途上，仍然面临着不少困难和制约，需要爬坡过坎。

1.实体经济运行比较困难，稳住制造业基本盘压力加大

近年来，我国产业发展进入新旧动能转换期，传统产业特别是制造业面临劳动力、土地、原材料等成本快速上升的压力，加上国际市场需求增长放缓、中美贸易摩擦、国内不少行业产能过剩带来恶性竞争等多重影响，多数行业经济效益不断下降，增长空间日益缩小。对于部分实体企业来说，当前首要任务是活下去，根本无暇顾及高质量发展。与此同时，受一些错误理念的诱导，一些地方热衷于打造“城市综合体”“物流中心”、打造“金融中心”等，人为拔高服务业增长，导致社会资本逃离制造业等实体经济领域，投向回报率高的服务业特别是金融、房地产等虚拟经济领域[①]，带来服务业增长速度“虚高”和制造业增长偏低此消彼长的格局，不仅使两者走势出现明显背离，而且加剧实体经济和虚拟经济的失衡[②]。作为实体经济核心的制造业，占GDP比重在2015年开始跌破30%，由2011年的32.06%下滑至2015年的29.34%，2016年进一步降至28.82%，虽然2017年和2018年回升到29.3%，但基础并不牢固。和发达国家相比，我国制造业占比不仅下降速度快，而且出现的阶段更早，即在我国工业化还没有完成的情况下就过早发生了“去工业化”现象（见表1–3），任其发展可能使我国制造业受到影响。

---

① 从现有情况看，主要表现为：金融行业大量资金内部自循环，服务于实体经济的意愿不强；大量实体经济企业也纷纷寻找机会介入银行、保险、信托、证券、基金等金融行业；金融保险机构通过高杠杆，频繁进行“资本运作”，强行入股或者收购优质制造业企业，使得大量资金云集于货币市场或者通过在资本市场短期运作，谋取短期盈利，金融业发展迅速；房地产泡沫化，无序发展，资金过多地向房地产集中；房地产泡沫加剧。

② 一份研究表明，中国贸易部门（主要是工业部门）与非贸易部门（主要是服务业部门）的TFP增长率之比为2.04，而美国为1.47，日本为1.17，欧盟为1.0（陈昌盛、何建武，2014）。

表1-3　部分发达国家制造业占GDP比重变化节点　（单位：美元　2010年为基期）

国别	制造业占GDP比重首次低于30%		制造业占GDP比重首次低于25%	
	年份	人均制造业增加值	年份	人均制造业增加值
美国	1939	4800.91	1961	5033.90
德国	1989	4455.58	1996	5974.98
日本	1987	5260.44	1999	7466.09
中国	2015	2590		

资料来源：美国商务部、德国联邦统计局、日本内阁府。

2.自主创新能力不强，关键核心技术受制于人

与发达国家相比，我国自主创新能力仍然不强，产业基础比较薄弱，特别是部分领域关键技术和核心设备严重依赖进口。根据中国工程院的研究，我国集成电路产业的光刻机、通信装备产业的高端芯片、轨道交通装备产业的轴承和运行控制系统、电力装备产业的燃气轮机热部件，以及飞机、汽车等行业的设计和仿真软件等产业基础能力弱，部分领域核心关键技术受制于人，存在“被卡脖子”的隐患（周济，2019）。根据科技日报（2018）梳理的35项卡脖子技术清单，我国在光刻机、芯片、操作系统、触觉传感器、真空蒸镀机、航空设计软件、微球、核心算法、锂电池隔膜等基础零部件、关键材料、先进工艺、产业技术等基础领域与国外差距较大（见表1-4），核心技术仍然主要依赖国外进口。即使在拥有商业化应用优势的新一代信息网络技术方面，我国的移动互联网、大数据、云计算、人工智能技术等产业与发达国家差距也是比较明显的，同样面临被发达国家从云端掌控和信息网络安全“卡脖子”威胁（路甬祥，2017）。

3.产业结构高度化不足，先进制造业和现代服务业发展滞后

在制造业方面，我国虽然是世界第一制造业大国，但制造业仍以中低端原材料制造业和劳动密集型产业为主，先进制造业发展不足。2018年，我

表1–4　　35项中国被卡脖子的关键技术清单

序号	技术名称	序号	技术名称	序号	技术名称
1	光刻机	13	核心工业软件	25	微球
2	芯片	14	ITO靶材	26	水下连接器
3	操作系统	15	核心算法	27	高端焊接电源
4	触觉传感器	16	航空钢材	28	锂电池隔膜
5	真空蒸镀机	17	铣刀	29	燃料电池关键材料
6	手机射频器件	18	高端轴承钢	30	医学影像设备元器件
7	航空发动机短舱	19	高压柱塞泵	31	数据库管理系统
8	iCLIP技术	20	航空设计软件	32	环氧树脂
9	重型燃气轮机	21	光刻胶	33	超精密抛光工艺
10	激光雷达	22	高压共轨系统	34	高强度不锈钢
11	适航标准	23	透射式电镜	35	扫描电镜
12	高端电容电阻	24	掘进机主轴承		

资料来源：刘亚东：《亟待攻克的核心技术》，科技日报，2018年系列文章。

国原材料制造业产值在制造业中的占比为31.6%，而美国（2016）、德国（2015）和日本（2014）原材料制造业占比分别为22.4%、18.4%和30%；装备制造业产值占比为29%，而美国（2016）、德国（2015）和日本（2014）装备制造业占比分别为36.7%、51.7%和39.5%，我国诸多高端装备严重依赖国外进口；虽然我国电子信息产品制造业占比高于美国、德国、日本等国家，但多数企业以中低端产品制造和加工组装环节为主，产品附加值不高。在服务业方面，与制造业关联紧密的研发设计、商务服务、信息服务、现代物流、检验检测等生产性服务业发展滞后，对制造业转型升级和高质量发展支撑不足。2018年，我国信息传输、软件和信息技术服务业、租赁和商务服务业增加值之和占GDP比重仅为6.3%，低于房地产业6.6%的比重。教育、文化、旅游、体育、健康、养老、托幼等生活性服务业，在服务质量、安全标准等方面良莠不齐，供给质量与人们对美好生活向往的需求相比仍有较大差距，严重影响了国内消费者的信心，使大量的消费需求转向国外。

4.价值链供应链仍处于全球分工中低端水平，产业国际竞争力有待提高

长期以来，我国作为跨国公司的加工制造环节嵌入全球供应链，发达国家和跨国公司控制着产业标准、市场订单、核心技术和关键设备及零部件，我国从发达国家进口机器设备和关键零部件，进行贴牌生产后，再返销美国等发达国家市场。这种代工式生产模式决定了我国产业在全球供应链中处于“打工仔”地位，被跨国公司长期“锁定”在价值链中低端。近年来，随着劳动力成本上升、资源要素价格上涨、环境治理加强、中美贸易摩擦等一系列因素的综合影响，企业经济效益不断下降。2015—2019年，我国工业利润增速在供给侧结构性改革政策推动下，从2015年的-2.3%增长到2017年的20%以上；2018年以后随着政策效应不断弱化，工业企业利润掉头向下，到2019年又重回-3.3%增长（见图1-2）。这说明我国代工型劳动密集型产业已难以为继，必须转型升级才有出路。

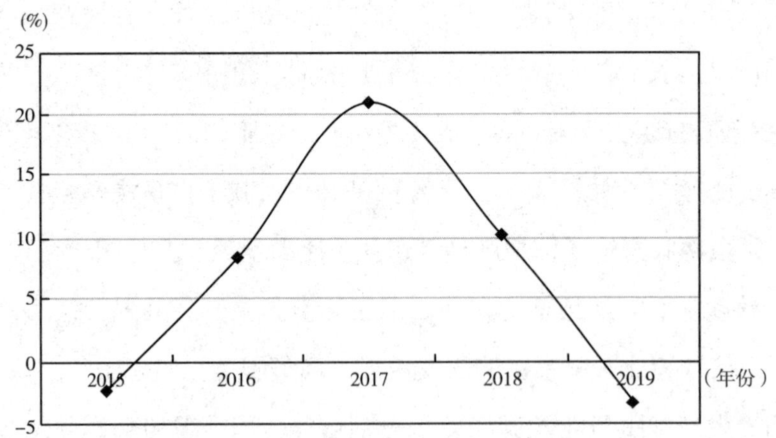

图1-2　2015—2019年我国规模以上工业企业利润增速

资料来源：国家统计局网站数据整理。

从国际比较看，中国世界500强企业数量虽然已经超过美国，但制造业企业占比偏低，效益较弱，世界500强企业的平均利润为43亿美元，而中国上榜企业为35亿美元。基于BVD-OSIRIS全球上市公司数据库对中美两国上市公司的全要素生产率的测算发现，中美两国全要素生产率的差距明显，特别是在高技术行业差距更为明显（许明，2019）。

5.区域产业发展分化，优势互补、协调发展格局亟待建立

当前，我国区域发展出现了一些新情况新问题。一是区域经济发展南北分化现象明显。自2012年以来，我国南方地区经济增长速度快于北方，且差距逐年拉大，全国经济重心进一步南移。2018年，北方地区经济总量占全国的比重为38.5%，比2012年下降4.3个百分点。二是发展动力极化态势日益突出。人口和要素资源进一步向城市群和大城市集聚。长三角、大湾区、京津冀作为经济发达的地区，成为全国高端要素集聚的高地，特别是在新一轮以创新驱动和转型发展为特征的区域竞争格局中，北上广深等特大城市发展优势更加凸显，杭州、南京、武汉、成都、西安等科教资源丰富的城市发展势头较好，成为引领区域高质量发展的增长极。但是中西部部分省份和东北地区发展面临较大困难，人口和人才双流失严重，产业发展活力和后劲不足。三是区域产业同质化。一些地方未能立足自身资源禀赋，建立龙头企业带动产业链、深耕优势产业发展的模式，形成与其他地区优势互补、合理分工、错位发展的格局，而是抢风口、追热点，片面地追求产业发展的新、大、全，动辄提出发展十多个重点产业，造成了主导产业过于宽泛，区域产业结构趋同，如很多地区在新旧动能转换中，普遍选择新材料、新一代信息技术、新能源、人工智能、高端装备、生物医药等产业作为新动能进行培育，出现高度重叠现象。根据我们测算，各省之间的产业结构相似指数由2015年的0.9689上升至2018年的0.9752，区域分工指数由2015年的0.2222下降至

2018年的0.2011[①]（见图1-3）。四是各地产业集群普遍存在集群内企业形聚神散，企业间缺乏技术合作，缺乏内在的创新力和竞争力等问题，使产业集群的经济效应没有充分体现出来。

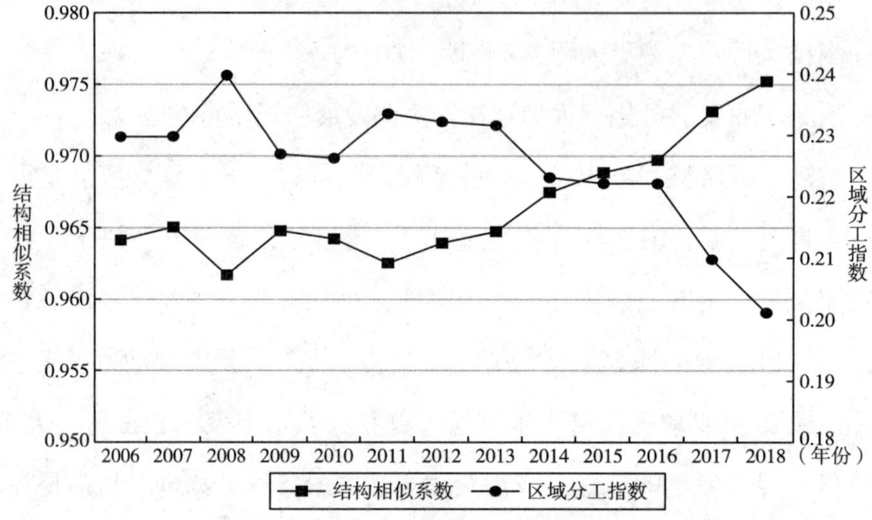

图1-3 中国产业结构相似指数与区域分工指数

资料来源：课题组整理计算。

① 结构相似系数由联合国工业发展组织国际工业研究中心提出，用来描述产业结构的相似性：

$$S_{ij}=\frac{\sum_{k=1}^{n}X_{ik}X_{jk}}{\sqrt{\sum_{k=1}^{n}X_{ik}^2\sum_{k=1}^{n}X_{jk}^2}}$$

式中，S_{ij}表示i、j两区域产业结构相似系数，X_{ik}和X_{jk}分别表示k产业在i区域和j区域生产总值中所占比重，共有n个产业。$0\leqslant S_{ij}\leqslant 1$，当$S_{ij}=0$时，表示$i$区域和$j$区域的产业结构完全不同；相反，当$S_{ij}=1$时，表明$i$区域和$j$区域的产业结构完全相同，即产业完全同构。联合国工业发展组织认为，当$S_{ij}\geqslant 0.9$时，即表示i、j两区域产业具有同构性。

区域分工指数也称克鲁格曼指数，用来衡量区域间分工程度的高低和产业结构的差异，能从反面测度区域间产业的同构性，其计算公式为：

$$KI_{ij}=\sum_{k=1}^{n}|X_{ik}-X_{jk}|$$

KI表示i、j两区域的区域分工指数，且$0\leqslant KI_{ij}\leqslant 2$，其余参数的含义与公式(2)相同。当$KI_{ij}=0$时，说明$i$区域和$j$区域各产业的增加值份额相等，即$i$区域与$j$区域的产业结构完全相同。反之，当$KI_{ij}=2$时，则说明$i$区域与$j$区域的产业结构完全不同。$KI$越小，说明两区域分工和产业专业化程度越低，从而区域间产业结构差异越小，即产业同构越严重。

6.资源能源利用效率低，绿色生产方式尚未形成

受体制机制、技术、管理等多因素制约，我国产业绿色发展方式尚未全面形成，高耗能高污染行业规模依然庞大，导致污染排放总量居高不下。目前，工业领域二氧化硫、氮氧化物和烟粉尘等主要污染物的排放量占比仍然高达90%、70%和85%左右。基础制造工艺绿色化水平尚待提升，产品（零件）制造精度低，材料及能源消耗大。企业、行业和区域节能减排发展水平不均衡，中小企业工艺装备普遍落后，能耗、水耗、土地和矿产资源消耗相对较高，污染物排放量小面广；不同行业绿色发展水平差异较大，高耗能行业产能过剩突出，企业效益下滑，节能减排内生动力不足。农业面源污染仍在不断扩大，污染程度从轻到重，污染源从单一到多元，在一定时段内呈现出线性增长态势（丘雯文等，2018）。

三、“十四五”时期推进产业高质量发展面临的环境

“十四五”时期是世界百年未有之大变局的深度演化期，是我国开启全面建设社会主义现代化新征程的开局起步期，也是我国经济社会转型升级和高质量发展的攻坚期，推进产业高质量发展既迎来新一轮科技革命和产业变革深入发展、我国即将迈入高收入国家、改革开放红利加速释放、强大国内市场逐步形成等重要机遇，也面临着国际经贸规则调整、产业链价值链供应链加速重构、大国竞争日趋激烈、传统优势弱化、新冠疫情影响等重大挑战和不确定性。

（一）新一轮科技革命由孕育转向突破，为我国产业高质量发展提供丰富的技术支撑

高质量发展离不开高技术支撑。当前，新一轮科技革命和产业变革正在孕育突破，多项革命性的创新技术有望在“十四五”时期得到爆发式应用。在新一代信息技术领域，随着5G、大数据、云计算、物联网、工业互联网、人工智能等技术的快速突破和广泛应用，数据正在成为重要的生产要素，促进柔性生产、共享工厂等新的制造模式以及服务外包、电子商务、移动支付等新的商业模式快速发展。在生物领域，生物技术正在进入产业化阶段，基因组学、再生医学和合成生物学技术正以比“摩尔定律”更快的速度发展，并向农业生产、工业制造、医疗健康等领域不断渗透，引发产业发展深刻变革。在新能源和环保领域，新能源和节能环保技术经济性不断提高，太阳能电池转化效率大幅提高，2018年已达到26.3%，比10年前提高超过10个百分点，成本却大幅下降，新能源、新能源汽车和节能环保产业快速发展，低碳经济成为经济增长的重大引擎。在智能制造领域，先进制造技术取得重大突破，特别是作为新一代信息技术与制造业深度融合产物的工业互联网，日益成为新一轮产业变革的关键支撑和“互联网+先进制造业”的重要基石，正在驱动制造业由机械化、网络化向数字化、智能化拓展。

新一轮科技革命和产业变革对我国产业高质量发展带来的机遇主要体现为：一是为我国产业高质量发展提供技术支撑。科学无国界，技术创新成果梯度扩散是任何力量阻挡不了的，即使美国等发达国家限制部分高新技术对我国出口，但全球范围内的技术全面“脱钩”是不可能的，随着世界科技革命和产业变革深入推进，我国产业发展将获得更多的创新要素支撑。二是为我国提升价值链地位提供契机。近年来，全球产业数字化、智能化、平台化趋势更加明显，推动全球产业价值链加快重构。我国数字经济发展势头强劲，

走在世界前列，如果能够用好这个机遇推动数字经济与实体经济融合发展，加快产业结构转型升级，我们就有机会在本轮国际分工重构中提升我国价值链水平和地位。三是为我国在部分领域实现变道超车提供机遇。当前，我国与主要发达国家的竞争格局正在从后发追赶转化为局部同台竞技，一些重大创新处在世界攻坚突破前沿，特别是在部分新兴产业领域，我国和发达国家基本处于相同起跑线，如我国的高铁、5G、量子通信、北斗导航等已处于世界先进水平，已经从跟跑、并跑开始向领跑发展。如果我们能够抓住新一轮科技革命的机遇，在新兴领域抢先取得创新突破，就有可能实现变道超车。

（二）我国跨过高收入门槛是大概率事件，为产业高质量发展带来市场需求空间

2019年，我国人均GDP突破一万美元大关，“十四五”时期有望跨过世界银行定义的高收入国家门槛。14亿居民收入水平提高和4亿中等收入群体形成的消费需求和结构升级带来了超大市场需求规模，将成为我国产业高质量发展的巨大需求动力。

一是人民群众对高品质、个性化、多样化产品需求增加，将刺激相关产业高质量发展。人们对于食品安全、绿色健康的要求提高，将会给绿色食品产业发展带来新机遇。消费朝着智能、健康、安全方向发展，将会给智能化可穿戴设备、新型诊断仪器设备、健康管理等行业发展带来契机。随着互联网的迅速普及和人们消费习惯的改变，我国互联网新业态快速发展，电子商务、互联网金融、远程医疗、在线教育、网络租车等互联网新应用也加快涌现，正展现出广阔前景和巨大潜力。

二是非物质性消费需要增加等消费结构升级，将带动文化旅游、医疗健康、教育培训等新兴产业发展。近年来，我国消费结构逐渐从生存型向发展

享受型升级，消费者对产品的质量、工艺、性能变得“挑剔”，个性化需求、体验性需求、精神文化消费和品牌产品需求日益增加，客观上促进了文化、娱乐、教育等相关服务消费需求的扩大，文化旅游、教育培训、养老健康、休闲娱乐、电子商务、信息服务等新兴产业加快发展。

三是老龄化和“全面二孩”政策实施等导致特定消费需求增加，将带动养老和育幼产业发展。我国人口老龄化加速，蕴含着巨大的养老服务和医疗健康服务需求，老年医疗保健、老年护理服务、老年休闲、老年旅游、老年教育以及老年用品开发等行业发展有望成为新的消费热点。“全面二孩”等政策的调整带来的新生儿增加，将会带动母婴医药、奶粉等初生婴儿用品以及儿童服饰、家具、童车、玩具等市场需求增长，推动与儿童成长相关的动漫、婴幼儿教育等相关产业快速发展。

（三）全球经济格局、经贸规则和大国博弈发生深刻变化，我国产业高质量发展的国际环境更加错综复杂

当前，世界处于百年未有之大变局深度演变期，虽然经济全球化大势不可逆转，但短期出现了“逆全球化”的回头浪，贸易保护主义暗流涌动，特别是中美经济关系没有缓和且走向不明朗，我国产业发展面临的外部环境具有不确定性。

一方面，全球经济继续延续“东快西慢、南升北降”的格局，以东亚、东南亚、南亚为引领的亚洲板块，成为推动世界经济增长的主引擎，全球经济中心向东转移的态势更加明显，资金、技术、人才和产业等要素继续向这一区域集聚。我国拥有经济社会稳定、产业体系齐全、产业链条完整、人力资源丰富、基础设施完善、市场规模庞大等综合优势，仍然是跨国公司布局全球产业链供应链的首选之地。特别是近年来，我国以共建“一带一路”和

高标准建设自由贸易试验区为抓手，以制度型开放为核心，推进高水平对外开放，外资企业投资于先进制造业、高技术产业和现代服务业的比例快速提升，有利于推动我国产业高质量发展。

另一方面，全球经贸规则和分工格局面临调整，美国联合欧洲、日本等发达国家推动阻止中国享受发展中国家地位的WTO改革，试图重新构建新的全球贸易规则，强化其在全球供应链中的主导地位，并采取各种措施加速推动全球产业链重构，特别是美国针对中国挑起了贸易摩擦，迫使在华中高端外资企业回流美国、低端制造业外迁其他国家。更为严重的是，美国以泛化的“国家安全”为由，采取“长臂管辖”措施，实施人才和技术交流限制、高技术产品关键零部件出口管制、加强投资并购审查等手段，加大对我国高科技企业的围堵和封杀。我国诸多领域产业转型升级所依赖的技术、材料、设备和软件主要来自进口（如95%的高端专用芯片、70%以上智能终端处理器以及绝大多数存储芯片均依赖进口），美国对我国的技术封锁将使中美部分科技领域“脱钩”风险加大，我国利用全球创新资源和科技成果推进产业升级更加困难。

（四）新冠肺炎疫情严重冲击全球经济，给我国产业高质量发展造成双重影响

2020年爆发的新冠肺炎疫情，冲击着全球经济社会发展，也将深刻影响“十四五”时期我国产业高质量发展。这些影响犹如“双刃剑”，既有“危”的不利一面，但也“危”中有“机”。

“危”的方面表现为两点：一是近年来我国实体企业受成本上升、中美贸易战等多重因素影响，利润不断下降，生产经营举步维艰，新冠肺炎疫情冲击使这些企业“雪上加霜”，很多企业保运转求生存都非常困难，更不用

说有资金投入进行转型升级。二是疫情将使各国更加强调经济主权和产业安全，从而推动产业布局从开放走向内敛，助推“逆全球化”纵深发展，全球供应链本地化、多元化、区域化趋势加强，受此影响，部分在华跨国公司出于供应链安全考虑，将采取“中国+1”或“中国+N”方式调整供应链布局，把部分工厂或生产线迁出中国。我国作为“世界工厂”和全球供应链的重要环节，产业链的完整性将受到影响，部分产业链甚至存在“断链”风险。

新冠肺炎疫情改变了传统的生产和消费习惯，将加快我国医疗健康产业快速发展和产业数字化智能化改造，有利于推动产业高质量发展。一是我国生命健康产业链完备，药品研发已具备紧跟国际最新技术的能力，生物制药领域专利申请数量（以专利族计）已连续多年保持在全球第二位，竞争力不断提升。此次疫情使生命健康产业更加得到重视，国家和企业对生命健康领域的科技创新投入进一步加大，有望不断巩固并提升技术水平，我国14亿人口对健康水平和生活质量提升的需求将进一步释放，供需双方共同推动我国生命健康产业快速发展。二是大数据、人工智能、云计算等新一代数字技术，在此次疫情防控、监测以及经济、线上业务发展等方面发挥重大作用，为数字技术加快推广普及提供市场应用场景，同时5G、特高压、大数据、人工智能、工业互联网等“新基建”投资力度加大，有利于加快培育新动能，推动我国新兴产业发展和传统产业数字化、智能化改造。三是海外疫情持续发酵导致进口高端产品和设备运费激增、交货延迟、供货不足，由此带来的国内供求缺口，使不少企业考虑使用国产设备和产品作为替代，这给我国首台套设备、材料和自主品牌产品带来市场拓展“窗口期”。如果国内企业能够抓住这一机遇，迅速打入市场，以高质量的产品占领市场，就会驶入一片蓝海。

四、“十四五”时期推动产业高质量发展的思路和重点任务

“十四五”时期是推进产业高质量的重要窗口期，对我国落实新发展理念、建设现代化经济体系、迈向经济高质量发展平台、跨越中等收入陷阱至关重要。针对产业高质量发展面临的瓶颈制约，结合国际国内发展环境变化，“十四五”时期我国产业高质量发展的总体思路是：以习近平新时代中国特色社会主义思想为指导，深入贯彻落实新发展理念，以供给侧结构性改革为主线，以质量第一、效益优先为导向，以科技创新和制度创新为动力，以建设现代产业体系、提升产业链现代化水平、优化区域产业布局、提高产业绿色发展能力、推动价值链迈向全球中高端为重点任务，加快推动我国产业发展质量变革、效率变革、动力变革，更好地支撑现代化经济体系建设，更好地满足人民日益增长的美好生活需要。

（一）推动产业高质量发展要处理好五个关系

推动产业高质量发展涉及面广、领域宽，而且面临各种两难多难选择，需要把握和处理好一些影响全局的重大关系，主要包括以下五个方面：

一是规模速度和发展质量的关系。速度与质量是辩证统一的，没有一定的发展速度，产业发展质量的提升也很难实现，但光有速度却没有质量或者低质量的发展也不可持续，高质量发展要同时兼顾发展的“量”和“质”。这就要求我们必须改变过去偏重追求产业规模扩张扩大和增长速度的做法，转向更多地关注增长的质量和效益。具体包括三个层面：其一，在投入层面，要从过去注重通过要素投入推动产业发展，转向通过提高要素质量和优化配置实现发展；其二，在产出层面，从过去过度依靠扩规模、增产能推动发展，

转向依靠创新驱动、管理提升实现发展；其三，在发展目标层面，从过度关注经济指标一个维度，转向关注经济发展、区域城乡协调、生态环境等多个维度，体现更充分更均衡的发展。

二是供给与需求的关系。产业高质量发展既受制于供给侧，也受到需求侧影响。两者的关系犹如马车的两个轮子，只有相互匹配、齐头并进，才能行稳致远。从当前和今后一个时期看，制约我国产业高质量发展主要在供给侧，为此要把改善供给体系质量作为主攻方向，以供给侧结构性改革为主线，强化创新驱动，提升技术水平，优化产品供给结构和服务质量，增强供给结构对需求变化的适应性和灵活性。同时，要适应我国经济由投资需求拉动转向消费和投资并举拉动转变，要积极扩大国内需求，引导消费结构升级，培育发展新的消费模式和业态。有效投资是供给侧和需求侧的有机结合点。“十四五”时期，传统投资对产业发展的边际拉动效率将不断下降，在新增长动力尚未形成有效支撑的情况下，传统动力一旦下降过快，将出现动力转换空档，短期内将引起产业发展失速。通过政策支持和引导，把产业投资的重点转到高质量发展的方向来，特别是加强新型基础设施和绿色发展领域的基础设施投资，既能够在短期形成消费需求，保持总需求基本稳定，又可以在中长期形成高质量供给，在更高水平上实现供给和需求的动态平衡。

三是培育新兴产业同改造提升传统产业的关系。坚持新兴产业培育发展和传统产业改造升级并重，这是新旧动能接续转换的客观要求，更是实现产业高质量发展的重要体现。目前我国传统产业占规模以上工业增加值超过80%，仍然是工业经济主体。而且，部分新兴产业是通过传统产业改造升级而来，如一些新材料是在原材料产业基础上形成的。目前，社会上对传统制造业存在一些认识误区，认为“传统制造业＝产能过剩、低端产业、夕阳产业”，从而导致一些地方重视发展新兴产业而忽视传统产业的优化升级。实际上，传统制造业≠产能过剩，我国过剩的是中低端产品，高端产品仍然严重短缺。在产业转型升级过程中，我国传统制造业有广阔的市场空间和美好的发展未来。传统制造业≠低端产业，只有技术有高低之分，产业没有，传统制造业经过技术改造升级，也可以成为先进制造业；传统制造业≠夕阳产业，传统制造业大多是满足人们基本生活生产需求的行业，无论社会怎么发展，人们吃穿用住行等基本需求永远不会改变，当然，随着社会进步，人们需求不断升级，希望穿得更漂亮、吃得更健康、住得更舒适等，只要能满足人们不断升级的需求，传统产业就是朝阳产业。为此，在培育发展新兴产业的同时，不能放松对传统产业的改造升级。在当前我国外部环境发生重大变化、风险和挑战增多、经济下行压力加大形势下，加快传统产业改造提升，对稳定工业基本面、推动制造业产业链提升十分重要。

四是国际和国内的关系。随着中国产业迈向中高端水平，我国产业与发达国家的关系，将从过去的互补性垂直分工合作模式，转向水平型竞争合作关系。在一些领域，我国与发达国家形成产业链供应链上下游合作关系，是一种你中有我、我中有你的经济利益共同体，如电子信息产业；在另外一些领域，我国与发达国家存在明显的竞争关系，如5G、大数据、人工智能等。同时，我国部分产业与东盟、印度等国家的关系，也从水平型竞争关系变为垂直分工合作关系，如在纺织服装、电子信息行业，随着终端加工组装环节逐步向越南、缅甸等东盟国家和印度迁移，我国成为这些国家的原料和零部件供应方，形成了产业链上下游合作关系。然而，我国中西部地区工业化水平还相对较低，需要通过承接东部地区产业转移来推动工业化进程，劳动密集型产业过快外迁，将不利于中西部地区实现这个目标。这就要求我们一方面要进一步扩大开放特别是制度型开放，构建与发达国家产业良性的竞争合作关系，与东盟国家、印度产业紧密的分工合作关系，共同维护全球产业链供应链安全和稳定；另一方面，要处理好产业“外迁”和“内转”关系，加大力度推进东部地区产业向中西部转移，在中西部地区培育形成一批新兴制造业基地和产业集群，打造国内版“雁阵模式”，延长我国传统优势产业的生命周期。

五是政府和市场的关系。政府和市场都是要素配置和推动产业高质量发展的重要手段和工具，政府通过行政直接干预或产业政策引导方式来配置社会资源，市场则通过价格、竞争、供求等机制对资源进行优化配置。由于存在“市场失灵”和“政府失灵”问题，单纯依靠市场或者单纯依靠政府都难以真正实现资源优化配置和推动产业高质量发展，需要政府和市场建立良好合作关系，互相弥补不足，共同推动经济运行和产业发展。处理好政府和市场关系，关键在于明确政府在产业发展中的定位和边界。一方面，政府不能“错位”“越位”，要尊重市场规律，减少政府对资源的直接配置和对微观经济活动的直接干预，把资源配置的主导权交给市场。另一方面，政府也不能“缺位”，要在市场失灵严重和正外部性较强的基础研究、产业绿色发展转型，涉及就业安置的衰退型产业援助，以及关系国家安全的“卡脖子”技术攻关等方面，积极“进位补位”。同时，作为“裁判员”，政府要加快建立适应产业高质量发展的体制机制环境和产业政策体系，提高资源配置效率效能，引导无效低效产能特别是“僵尸企业”退出，推动资源要素向优质企业集中，向战略性新兴产业和产业链中高端配置。

（二）推动产业高质量发展的重点任务

推动产业高质量发展是一个系统工程，需要做的工作很多，要重点聚焦建设现代产业体系、提升产业链现代化水平、优化区域产业布局、提高产业绿色发展能力、促进价值链迈向全球中高端水平等方面。

1.加快建设现代产业体系

一是着力发展先进制造业。制造业是立国之本、强国之基，从根本上决定着一个国家的综合实力和国际竞争力，建设现代产业体系的重要着力点是先进制造业。要顺应制造业高端化、智能化、服务化、绿色化趋势，着力增强制造业技术创新能力，积极运用新技术新业态新模式改造提升传统产业，推动先进制造业和现代服务业融合发展，加快制造业结构优化升级，继续塑造钢铁、石油化工、冶金建材、家用电器、纺织服装等优势产业竞争新优势，进一步强化具有世界领先地位的先进轨道交通装备、电力装备制造业的国际竞争优势，大力发展处于世界先进水平的航天装备、海洋工程装备及高技术船舶、新能源汽车制造，缩小高档数控机床和机器人、节能汽车、农机装备领域与世界先进水平差距，加快补上和国际先进水平差距较大的飞机和航空发动机制造等高端装备短板，牢牢守住我国制造业的基本盘。

二是培育壮大新兴产业。把握新一轮科技革命和产业变革的机遇，以科技创新为引领，培育发展新兴和未来产业，努力抢占国际竞争的话语权和制高点。大力发展新一代信息技术产业，以数字经济为引领，推进实施网络强国、数字强国等战略，加强5G、大数据、人工智能等基础设施以及高端整机、核心应用软件、物联网等核心技术的开发、应用及产业化，推动集成电路、新型显示、智能语音、智能终端、软件和信息服务等产业发展壮大。加快发展生物产业，依托生物技术、基因工程等前沿技术突破和应用，发展壮大生物医药、生物医学工程、生物农业、生物制造等产业，构建生物医药新体系，推动医疗器械向高端迈进，发展智慧健康产业，提升生物农业和生物制造规模化发展水平。构建竞争力强的新材料产业体系，顺应新材料高性能化、多功能化、智能化、绿色化的发展趋势，进一步突破关键技术，发展高端产品，着力提高新材料的应用水平。

三是加快发展现代服务业。提升技术性、知识性和公共性服务为主的现代生产性服务业和生活性服务业如工业设计服务、金融服务、信息服务等在国民经济的比重。培育壮大新兴服务业，主要包括：发展一批面向服务领域的关键共性技术平台；发展涵盖研究开发、技术转移、检验检测、创业孵化、知识产权、科技金融、科学普及的科技服务业；推动文化创意、工业设计、检验检测、远程医疗、互联网金融、电子商务等新兴服务行业快速发展；推动智慧物流、服务外包、医养结合、远程医疗、远程教育等新业态加快发展。补齐服务消费短板，大力发展旅游、文化、体育、健康、养老等幸福产业。

四是提升农业现代化水平。在保证粮食绝对安全的基础上，促进粮经饲统筹、种养加一体、农牧渔结合，扩大紧缺和绿色优质农产品供给。加强生产功能区和集聚区建设，种养殖业方面，建设一批标准化、专业化、规模化生产基地，农产品加工业方面，积极培育农产品专业村镇和加工强县，建设一批全国农产品精深加工示范基地。完善现代农产品流通体系，包括：完善农村物流体系，大力发展农产品电子商务等。

2.提升产业基础高级化和产业链现代化水平

推动产业高质量发展，必须改变我国产业链处于中低端水平的状况。要以创新强国和制造强国建设为目标，加快提升产业基础能力和产业链现代化水平，不断夯实我国产业高质量发展的基础。

一是推进产业基础高级化。要提升我国制造业产业链水平，必须精准识别产业链短板，找准“卡脖子”技术瓶颈，尽快实现工业基础技术和关键装备研发突破。要集中力量攻克“短板”基础技术，加强基础研究储备和积累，突破制约产业发展的共性和基础技术瓶颈，提升产业基础能力，如基础元器件和零部件、基础材料、基础工艺、基础软件和开发平台等；同时，加强设备系统集成攻关，下大力气研发如工作母机、电子制造装备、智能检测装备等“短板”关键装备，力争尽快取得突破。

二是提升产业链现代化水平。推进钢铁、石化、机械、轻纺等优势产业向“微笑曲线”两端延伸、向价值链高端跃升、向精深加工领域拓展。推进信息智能、生物医药健康、高端装备制造、新材料、新能源等新兴产业向上下游延展、向终端产品迈进、向新增长领域集聚。扎实推进农村产业融合发展，深入挖掘农业农村功能，拓展“农业+”电商、旅游、文化、教育等多个产业链，构建“一产接二连三”的互动融合发展格局。

三是推动产业融合发展。促进信息化与工业化深度融合，推进制造业数字化、网络化、智能化改造，培育基于互联网的个性化定制、在线增值服务、分享制造、众包设计等新型制造方式，提升企业全流程、产业全链条信息化水平。支持制造业和现代服务业深度融合发展，引导大型制造企业服务化转型，鼓励企业将非核心业务流程外包，主营业务逐步转向技术研发、市场拓展、品牌运作延伸，鼓励企业以产业链整合配套服务企业，重点领域优势企业加快建立研发和营销体系；鼓励服务企业向制造环节延伸，拓展延伸产业链，发展个性化定制服务、网络精准营销、融资租赁等商业模式。推动军民产业融合发展，率先在航空工业、北斗导航、新一代电子信息技术、海洋、网络空间、生物、新能源和人工智能等领域实现突破。推动大中小企业融合发展，引导骨干企业整合上下游企业、研发机构等产业链资源构建创新链，鼓励有条件的高等学校、科研院所、大型企业的科研基础设施和设备向中小型企业开放。推动服务业与农业深度融合。大力发展农产品电子商务，支持发展生鲜农产品冷链物流，完善大中城市“菜篮子”配送及综合服务网络。依托大数据、云计算等技术，积极发展农业科技和信息服务业。推动科技、人文等元素融入农业，发展农田艺术景观、阳台农艺等创意农业。推进旅游、教育、文化、健康养老等生活性服务与农业资源要素深度融合。鼓励发展农业生产租赁业务，积极探索农产品个性化定制服务、会展农业、农业众筹等新型业态。

四是培育形成具有国际影响力的产业品牌和标准。着眼于提高制造业、服务业、农业等产业领域的质量和附加值，制定实施与国际先进水平接轨的产品标准和行业标准。要完善质量管理机制，健全质量监管政策法规体系，加强国家质量基础共性技术的研究与应用，强化先进质量管理技术方法的推广与应用。发挥制造企业在品牌建设中的主体作用，引导企业增强以质量和信誉为核心的品牌意识，引导企业积极进行商标国际注册和渠道拓展，加速我国品牌价值评价国际化进程，推动产业发展从成本价格竞争向品牌品质竞争转变，形成一批具有国际竞争力和美誉度的名企、名牌、名品。

3.优化区域产业布局

针对当前我国区域间产业同构化、产业发展不平衡等问题，要立足于区域分工特点，推动各地发挥比较优势，以特色产业集群为抓手，促进产业内、产品内分工合作，优化区域产业布局。

一是发挥东部地区优势建设世界级现代产业集群。以大湾区、京津冀、长江经济带等为重点区域，依托国家中心城市和区域中心城市，以国家级产业园区为主要载体，在电子信息、高端装备、汽车、家电等领域，建设具有世界领先核心技术和持续创新能力的世界级现代产业集群。支持以中西部地区通过产业间和产业链分工协作，与发达地区合作共建园区，发展“飞地经济”和“边界经济”，以“群中群”和特色产业“小”群等方式参与共建世界级现代产业集群。

二是支持中西部和东北地区精准承接产业转移。鼓励国内世界五百强企业在中西部地区布局，鼓励中西部省份相邻地区合作共建承接产业转移示范区。基于当前东南亚国家是我国中西部地区争取东部产业转移的主要竞争对手，可比照东南亚国家的优惠政策，给予中西部承接产业转移示范区更大的支持政策，从税收优惠、信贷支持、人才引进、社会福利等方面增加中西部地区引资、引企、引人的吸引力，促进资金、人才、技术等要素集聚，培育建设一批特色产业集群。

三是鼓励资源型城市建设特色产业集群。对于成长型城市，要强化绿色高效的资源开发方式，形成一批重要矿产资源战略接续基地，发展高附加值的资源精深加工产业，打造若干产业链完整、特色鲜明、主业突出的资源深加工产业基地。对于成熟型城市，要积极稳妥化解钢铁、煤炭等行业过剩产能，引导有实力的资源型企业参与“一带一路”建设产能合作，鼓励资源开采、深加工优势产能“走出去”，同时大力支持资源深加工龙头企业转型发展，培育接续替代产业。对于衰退型城市，要实施资源枯竭城市接续替代产业培育行动计划，支持资源枯竭城市承接发达地区产业转移。对于再生型城市，要引导产业创新发展，推动能源资源粗放利用向绿色循环低碳发展转变，加快利用智能化、数字化改造提升传统产业，做优做强高新技术产业，大力发展具有资源型城市特色的生产性服务业，发展壮大贴近群众生活、需求潜力大、带动力强的生活性服务业。

4.提高产业绿色发展水平

一是加强对传统产业的绿色化改造。大力推进绿色开采、清洁生产、达标排放、打造循环经济产业链，构建绿色工业体系；大力推动农业生产资源利用节约化，生产过程清洁化，废物处理资源化和无害化，产业链接循环化。大力发展低消耗、低污染的服务业，发展培育新能源、可再生资源、节能环保等新兴战略性产业和节能环保产业。推动互联网与绿色产业融合发展，促进绿色产业的数字化提升。积极推动绿色生产，推进“绿色示范工厂、绿色示范园区、绿色产品和绿色供应链”等“四绿”建设，将经济生产过程与生态资源环境统筹管理，从源头上控制废弃物的产生，加强绿色设计，减少废弃物排放，提高资源的利用率。

二是加强建立绿色产业技术创新和应用。绿色技术创新关键在于实现环境治理与修复、资源节约和循环利用，以及新能源开发等核心、关键技术突破。组织实施一批国家级绿色技术创新重大攻关和重大环保装备产业化项目，加快推进拥有自主知识产权的重大环保成果转化。加强绿色生产工艺研发、节能环保技术、再制造技术研发，鼓励企业强化绿色低碳技术的应用和创新。

全面推广绿色基础制造工艺和装备，选择一批基础制造工艺、节能关键技术、重大环保技术装备、资源综合利用适用技术装备等领域成熟的绿色制造工艺技术与装备，在全国全行业实施应用示范。发展从事绿色技术和产品开发、绿色产品装备制造和生态环境建设的绿色产业。

5.提升我国全球产业分工地位

我国产业在全球产业分工中目前大多数还是处于中端非核心地位。通过产业高水平开放合作，推动我国在全球产业分工的地位。产业高水平开放合作，关键是要在国家大力推进由传统的政策性开放转向制度性开放背景下，加快推进国际经贸规则接轨，立足于我国国情，既提高我国产业技术创新水平，练好“内功”，又要保证产业安全，主要加强两个方面建设：

一是提升全球产业链和供应链治理能力。要推动我国产业和国际产业相互渗透，形成相互制约的格局。推动新一轮高水平对外开放，吸引更多外资企业进入我国产业领域。要全面落实准入前国民待遇加负面清单管理制度，引导外资更大程度地进入高端、智能、绿色等先进制造业和工业设计等生产性服务业领域。支持大型企业完善全球化布局，和国际产业实现相互渗透。在供应链各环节围绕自身核心资源，培育发展一批拥有国际话语权的供应链龙头企业，深度参与全球产品研发设计、采购、生产、销售和服务，积极参与国际标准、规范和国际规则制定。建立我国产业全球供应链抗风险机制，构建国家供应链风险预警系统，实时监测突发性供应链中断风险信息，向可能受到影响的相关产业、企业及时发布风险预警。

二是提升产业走出去能力。完善企业主导与政府推动的产能“走出去”协同机制，以钢铁、有色、建材、铁路、电力等行业为重点，突出重点区域、重点项目，在相关国家或地区打造一批合作共赢的典范。加快制定《对外直接投资法》，确保企业对外直接投资有法可依；发挥好央企、特大型国企的引领作用，通过以大带小合作出海，构建全产业链战略联盟；加强企业海外投资监管，重视发挥行业协会和中介机构的作用，协助解决企业开展国际合作中遇到的问题、风险，避免中国企业之间的恶性竞争。积极推动供应链安全国际合作。为保障某些关键原材料供应安全，探索在“一带一路”某些友好国家设立贸易中转站，预留产业缓冲地带，积极扶植战略性产业生态。

五、推动产业高质量发展的政策建议

推动产业高质量发展离不开政策的支持，要坚持问题导向和目标导向，聚焦制约产业高质量发展的痛点堵点，完善相关政策，形成各方面政策协同配合、良性互动的政策体系。

（一）推动产业政策向普惠性、功能性转变

一是合理确定产业政策的边界。强化竞争性政策的基础地位，推动实施以功能性政策为主的产业政策。首先，清理废除不合时宜的产业政策。我国是实施产业政策较多的国家，一些政策随着时间变化已经不再适用，一些政策只有原则性内容但缺乏实质性措施，还有一些政策看起来很好却落不了地，需要对这些政策进行清理，该废除的废除，该调整的调整，以免误导市场，并给别有用心的国家留下把柄。其次，产业政策要聚焦市场失灵领域精准发力。随着市场化改革向纵深推进，我国经济领域市场化程度进一步提高，市场配置资源能力不断增强，产业政策失去了广泛实施的必要性。要积极推动产业政策从一般竞争性行业和领域退出，重点瞄准市场失灵、关系国家战略和产业安全等方面精准施策。最后，把制定和发布信息性产业政策的职能交给行业协会。赋予行业协会制定信息性产业政策的职能，包括制定本领域的

质量、技术标准，并负责实施和监管；协助政府做好行业人才培训，提升本行业的人力资源素质；组织引导行业企业扩大国际合作，帮助企业开拓国际市场，协调解决国际贸易摩擦与纠纷等。

二是完善产业政策支持方式。在支持重点上，要从支持竞争性的生产环节转向支持前端的研发设计和后端的消费者补贴。一方面，在供给侧梳理编制我国受制于人的“卡脖子”关键核心技术清单，实施产业基础再造工程，发挥新举国体制优势，集中力量支持重大科技攻关，同时要充分调动社会各方面，实施“揭榜挂帅”制度；另一方面，在需求侧，通过政府购买、消费补贴等方式加大对国产装备的支持力度，完善装备首台（套）、材料首批次、软件首版次等创新产品政府采购政策，拓展多元化应用场景，修订重大工程重大项目招投标办法，健全风险补偿机制，发挥装备首台（套）、材料首批次、软件首版次使用的示范效应。在支持方式上，要从过去的事先补贴为主，转向税收优惠、事后奖励，并更多采用产业投资基金入股等市场化运作方式进行支持。在支持对象上，要从支持大企业和龙头企业为主，向支持产业链上下游中小型配套企业为主转变，特别是加大对“专精特新”单项冠军和隐形冠军企业的支持，因为它们是提升产业链现代化水平的重要环节。

（二）完善支撑产业高质量发展的技术创新政策

一是加大对企业创新的支持力度。在重点产业领域实施创新企业百强工程，通过支持企业建设研发机构、引进人才、加强产学研结合等方式，培育一批拥有自主知识产权和国际影响力的创新型领军企业。完善创新激励政策，加大研发费用加计扣除、研发仪器加速折旧等税收政策支持力度，调整国家研发资金使用结构，提高对企业的支持比例，引导企业增加对前沿性、基础性、颠覆性技术研发的投入，使更多企业具备生产一代、研发一代、储备几代的技术创新能力。

二是建设一批高水平技术创新平台。支持以行业龙头企业为主导，联合各种配套企业的力量建设技术创新联盟；支持行业共性技术创新平台、实验体系和企业研发体系建设；推动战略性和新兴产业的基础和关键共性技术开发，构建全国性技术交流、合作与转化平台。推动人工智能、生物医药、医疗器械等相关领域国家实验室建设。

三是完善市场主导的技术创新体系。聚焦重点科学问题和与产业技术难题相关的基础研究，以及具有公益性质的研发项目，特别是我国受制于人的关键技术领域，鼓励突破性创新，解决“卡脖子”技术问题。培育以市场为导向的科技研发需求信息平台，促进各个领域技术成果的信息共享，为科技成果的市场化创造良好渠道。鼓励产业链各环节主体联合创新，推动建立领先用户主导的创新模式。调整国有企业科技成果转移转化激励政策，探索实施国有企业科技人员工资总额单列制度。强化知识产权有效激励，激发企业家和科技人才创新创业热情。

四是大力培养和引进创新型、技能型人才。以国家重大人才工程为抓手，引进和培育一批具有国际视野和战略眼光、能快速攻克产业技术瓶颈的顶尖科技专家；推动大学、科研机构与企业联合建立培训基地，培育高级技术人才；支持职业教育和培训企业发展，鼓励企业联合职业学院打造批量“工匠”；鼓励各地根据本地产业特色和未来产业发展用工需求，大力推行现代学徒制和企业新型学徒制，采取订单培养模式，联合各职业学院培育普通技工。

（三）创新有利于产业高质量发展的财政金融政策

在财政方面，继续加大减税降费力度，既要抓紧落实落细已出台的各项减税降费政策，在短期内帮助企业纾困发展、渡过难关，又要着眼于长远助力企业高质量发展，建议参照高技术企业的征税标准，对转型升级的制造企业减按15%的税率征收企业所得税，鼓励制造企业加快转型升级步伐。完善政府出资的产业投资基金管理模式和绩效评价方式，对事关国家安全和前瞻性战略的投资基金，不要以基金收益作为主要考核指标。

在金融方面，要把解决实体经济融资难融资贵问题作为深入金融供给侧结构性改革的出发点和落脚点，回归金融服务实体经济本源。引导银行大力开放适应制造业发展需要的金融产品和服务，加大对制造业中长期贷款比例。要大力发展科技金融，应用互联网、大数据等新技术创新金融服务业态和方式，鼓励金融机构开发符合新产业新业态发展的信贷产品、保险产品，拓宽创新企业融资渠道，引导更多金融资源配置到战略性新兴产业和高技术产业，满足具有“轻资产”特征的知识和技术密集型企业的融资需求，促进科技与金融协同发展。要加快发展普惠金融，加大对小微企业、大学生创业就业和社会弱势群体的金融支持。要积极发展绿色金融，对企业节能减排、清洁生产、循环经济等项目提供绿色信贷，支持绿色发展。

（四）健全推动产业绿色发展的环境政策

一是建立产业绿色发展倒逼政策。建立水生态红线管理制度，倒逼沿江近河地区淘汰高耗水、高污染行业，引导钢铁、石化、造纸等行业推行水资源循环利用。完善促进制造业绿色化发展的税收立法，科学设计绿色税收制度，推动绿色生产的税收差别化，扩大资源税、消费税的征税范围。将自然资源损耗与环境修复治理成本纳入政绩考评体系，逐步建立健全并全面推广河长制、生态环境损害问责制度和领导干部自然资源资产离任审计制度，切实转变唯GDP忽视生态环境的政绩考评导向。

二是构建促进企业绿色发展的激励机制。一方面，实行绿色科技刺激政策，促进绿色科技研发、推广、应用，包括加强知识产权保护、强化绿色科技财税支持、实行政府对绿色科技成果采购等。另一方面，加大对绿色制造的支出力度，支持企业推动节能减排、降耗、新能源、新材料等方面的技术创新研发。此外，还要完善能权交易制度，推行节能量、碳排放权、排污权、水权等统一的能权交易制度，促进企业环境成本的内部化，提高产业的节能减排效率。

（五）打造与产业高质量发展相匹配的市场环境

一是深化国有企业国有资本改革。加快推动国有经济布局优化、结构调整、战略性重组，深化国有企业和各类国有资产管理体制改革，积极推进经济性垄断行业和领域的产权结构、投资主体多元化改革，保持国有企业的竞争中性。其一，加快国企“主辅分离”，对国企中处于国计民生领域的主业进行国有资本占控制地位的“混改”，而对于处在一般性竞争领域的辅业进行产权多元化的股份制改造。其二，分类推进国企总部与子公司的混合所有制改革，推动国企总部实行国有股控股条件下的产权多元化，按照国有资本授权经营模式进行改革，让其成为追求国有资产保值增值的主体，通过股权控制促进子公司贯彻股东的利益，真正从管资产向管资本转变。与此同时，加快国企子公司“混改”步伐，加大引入社会资本的力度，通过产权多元化实现产权关系的明晰化。其三，进一步放开管制，鼓励民营资本入股国企，降低民企入股垄断性国企的门槛，允许民企与竞争性国企混合成为有话语权的股东和控股者[①]。

二是建设高标准市场体系。落实公平竞争审查制度，以打破区域垄断和壁垒为重点，清理废除妨碍统一市场和公平竞争的各种规定和做法，促进资

① 杨瑞龙.《国有企业改革逻辑与实践的演变及反思》，《中国人民大学学报》，2018年第32期。

本和要素的自由流动。保障民营企业的合法权益，促进各种所有制经济企业依法平等获得土地、信贷等生产要素，公平参与市场竞争、同等受到法律保护。加大产权保护力度，完善物权、合同、知识产权相关法律制度，加强对各种所有制企业和自然人财产权的保护，形成正向产权激励机制。加快要素价格市场化改革，促进生产要素在城乡、地区、行业、企业间顺畅流动与优化组合。

参考文献

[1]Antras P, Chor D. On the Measurement of Upstreamness and Downstreamness in Global Value Chains. NBER Working Paper, 2018, No.24185.

[2]Miller R E, Temurshoev U. Output upstreamness and input downstreamness of industries/countries in world production. International Regional Science Review, 2017, 40(5): 443-475.

[3](美) 亨利 · 切萨布鲁夫:《开放式创新：进行技术创新并从中赢利的新规则》，清华大学出版社2005年版。

[4](美) 金德尔伯格 · 赫里克:《经济发展》，上海译文出版社1986年版。

[5](美) 马尔科姆 · 吉利斯等:《发展经济学》，经济科学出版社1990年版。

[6]1991—2010年经济发展思路课题组:《中国经济发展的理论思考与政策选择(上)》，《管理世界》，1994年第4期。

[7]干春晖、郑若谷、余典范:《中国产业结构变迁对经济增长和波动的影响》，《经济研究》，2011年第5期。

[8]黄剑辉等:《“一带一路”建设对我国产业结构转型升级的影响及商业银行业务机会分析》，《民银智库研究》（内部刊物），2019年第11期。

[9]黄群慧:《工业化后期中国经济面临的趋势性变化与风险》，《中国经济学人》，

2015年第2期。

[10]黄群慧：《推进制造业高质量发展的三个关键问题》，《学习时报》，2019年10月9日。

[11]李桢：《区域产业结构趋同的制度性诱因与策略选择》，《经济学动态》，2012年第11期。

[12]林民书、刘名远：《区域经济合作中的利益分享与补偿机制》，《财经科学》，2012年第5期。

[13]林兆木：《关于我国经济高质量发展的几点认识》，《人民日报》，2018年1月17日。

[14]刘志彪：《理解高质量发展：基本特征、支撑要素与当前重点问题》，《学术月刊》，2018年第7期。

[15]刘志彪：《中国参与全球价值链分工结构的调整与重塑——学习十九大报告关于开放发展的体会》，《江海学刊》，2018年第1期。

[16]路甬祥：《建设世界科技创新强国的新长征》，《科技导报》，2017年第1期。

[17]宁吉喆：《贯彻新发展理念推动高质量发展》，《求是》，2018年第3期。

[18]逄锦聚：《贯彻新发展理念　着力高质量发展》，《经济学动态》，2019年第7期。

[19]丘雯文、钟涨宝、原春辉、李兆亮：《中国农业面源污染排放的空间差异及其动态演变》，《中国农业大学学报》，2018年第1期。

[20]佟家栋、陈霄：《中国工业要素配置扭曲变动及构成研究——基于行业间和行业内分解的视角》，《上海经济研究》，2019年第1期。

[21]王佳元：《现代供应链：演变特征与发展战略》，《宏观经济研究》，2019年第7期。

[22]王智新、赵景峰：《开放式创新、全球价值链嵌入与技术创新绩效》，《科学管理研究》，2019年第37卷第1期。

[23]魏后凯、王颂吉：《中国“过度去工业化”现象剖析与理论反思》，《中国工业经济》，2019年第1期。

[24]杨瑞龙：《高质量发展需要高质量的制度来保障》，《经济学动态》，2019第7期。

[25]张军扩、侯永志、刘培林、何建武、卓贤：《高质量发展的目标要求和战略路径》，《管理世界》，2019年第7期。

[26]周济：《提升制造业产业链水平，加快建设现代产业体系》，“2019国家制造强国建设专家论坛（宁波）”，2019年10月15日。

[27]费洪平等：《制造强国建设目标与战略路径研究》，内部稿，2019年。

[28]杨瑞龙：《国有企业改革逻辑与实践的演变及反思》，《中国人民大学学报》，2018年第5期。

[29]张其仔等：《中国产业竞争力报告（2019）》，社会科学文献出版社2019年版。

[30]清华大学互联网产业研究院：《新冠肺炎疫情对产业发展的影响分析与应对措施》，“清华大学互联网产业研究院”微信公众号，2020年3月12日。

第二章

“十四五”时期我国乡村产业高质量发展思路、任务与政策研究

本章执笔：蓝海涛　涂圣伟　张义博　周　振

内容提要

进入“十四五”时期，我国乡村产业发展环境将呈现诸多新变化，对乡村产业发展提出“七个新要求”：乡村产业由数量扩张型向质量提升型转变、提供更多高质量涉农产品和服务消费、加快技术转型升级、迈向绿色发展之路、财政支持由粗放转向精准、支持方式符合国际规则、提高国际竞争力。面对新形势新变化，落实乡村产业高质量发展要求，要以扩大乡村优质产品和服务有效供给为主线，以推进农村一二三产业融合发展为基本路径，发挥好技术进步、制度创新、开放引领“三大动力”，聚焦乡村产业体系优化、组织方式创新、生产要素变革“三大着力点”，构建高匹配性、高效率、高效益、绿色性的“三高一绿”乡村产业高质量发展体系，为农业农村现代化奠定坚实基础。

“十三五”时期，尽管我国经济发展环境复杂多变，特别是2020年爆发新冠肺炎疫情，但在中央地方各级党委政府的坚强领导与支持下，通过新型农业经营主体、普通农户和工商资本等市场主体的艰苦努力，种养业、农产品加工流通业等传统乡村产业不断转型升级，数字农业、农产品电商、休闲农业和乡村旅游等新产业新业态蓬勃兴起，乡村产业[①]发展取得了显著成就。“十四五”期间，我国面临世界百年未有之大变局，新冠肺炎疫情将影响“十四五”开局，国内经济步入高质量发展阶段，对乡村产业提出了高质量发展的要求。乡村产业高质量发展是目标导向的过程，主要体现为过程和结果的“三高一绿”要求，即乡村产业供给与需求结构的高匹配性、发展方式的高效率、发展结果的高效益、发展路径的绿色性。

一、“十四五”时期我国乡村产业高质量发展的环境与要求

（一）经济增长将持续减缓，倒逼乡村产业由数量扩张型向质量提升型转变

“十四五”期间，逆全球化、单边主义和保护贸易对国际政治经济格局

① 乡村产业是根植于县域，以农业农村资源为依托，以农民为主体，以农村一、二、三产业融合发展为路径，地域特色鲜明、创新创业活跃、业态类型丰富、利益联结紧密，提升农业、繁荣农村、富裕农民的产业。主要包括分布在县域内的种养业、农产品加工流通业、传统手工业、休闲农业与乡村旅游、数字农业、乡村信息产业以及其他农业生产性服务业等。乡村产业的界定参见《国务院关于促进乡村产业振兴的指导意见》（国发〔2019〕12号），中国政府网，http://www.gov.cn/zhengce/content/2019-06/28。

仍具有较大影响，世界仍将处于百年未有之大变局的深度演化，全球秩序加快重构。主要大国之间矛盾加剧，美欧、中国、日韩等主要经济体贸易争端、敏感领域投资限制将增多，特别是中美贸易摩擦引发的中美战略对抗格局业已形成，发达经济体对新兴经济体的技术转让和知识产权限制将强化，经济发展的交易费用明显增加，2008年国际金融危机以来的世界经济复苏进程被打乱，全球经济增长将减缓。

同时，我国经济增长自2010年以来进入“十二五”与“十三五”的下降通道。国内生产总值增速从2010年的10.6%几乎一路下滑到2019年的6.1%（见图2-1），增速减少4.5个百分点，降幅高达42.5%。

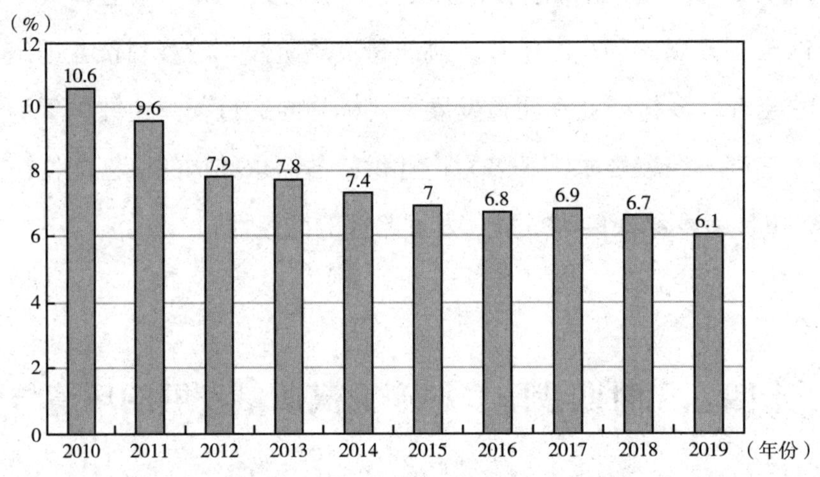

图2-1　2010—2019年我国国内生产总值增速

资料来源：国家统计局官网。

“十四五”期间国际经济环境进一步恶化，特别是中美经贸关系总体趋冷，我国出口增速将放缓，外需减弱。随着国内劳动力、环保成本上升，资金和土地成本居高不下，传统支柱产业转型升级处于爬坡期，新的支柱产业处于培育期，国民经济结构整体处于艰难调整阶段，经济增速将放缓，预计

“十四五”时期我国年均国内生产总值增速可能下降到5.0%—6.0%[①]。

“十四五”期间，随着世界经济和国内经济双减速，乡村产业外部市场需求增速将减缓，过去依靠投资驱动的数量型、规模化发展道路逐渐走到尽头。农产品及加工品、休闲农业和乡村旅游、乡村信息服务等市场消费增速也将随之放缓，企业之间的竞争将从过去比资金、拼广告、占市场的跑马圈地式高速扩张道路，逐渐转向比创新、立品牌、夺市场的稳扎稳打式精细集约道路，优胜劣汰的市场机制迫使乡村产业走高质量发展之路。

（二）城乡居民收入水平将不断上升，对高质量涉农产品和服务消费需求持续增加

2010—2019年，我国居民人均可支配收入由12519.5元提高到30732.9元[②]，年均名义增长10.5%。随着脱贫攻坚战任务完成，我国全面建成小康社会，按照2010年贫困标准，农村贫困人口将由2016年的4335万人[③]减为0。“十四五”时期，我国人口继续增长，随着供给侧结构性改革深入推进，市场制度不断完善，市场主体的技术和管理创新能力持续增强，经济发展潜力进一步释放，国民经济发展质量提升，经济保持中速增长。尽管居民收入增速随国民经济增速下降而放缓，但收入水平仍将不断提高，我国有望在“十四五”时期迈入高收入国家行列。

“十四五”同“十三五”相比，我国已消除农村绝对贫困人口，不仅居民平均收入水平抬升，而且最低收入线显著上升，不同人群收入差距缩小，收入分配的人群结构明显改善，原四千多万农村绝对贫困人口也进入提高消

① “十五”“十一五”“十二五”和“十三五”前4年期间，我国国民经济和社会发展规划纲要预期的国内生产总值年均增速分别为7.0%、7.5%、7.0%和6.6%。

② 2010年数据参见国家统计局，中国统计年鉴2018；2018年数据来自新浪网，http://finance.sina.com.cn/roll/2019-03-01。

③ 数据参见国家统计局，中国统计年鉴2018。

费质量阶段。随着城乡居民收入水平提高和收入分配人群结构的改善，国民健康意识和环保理念日趋增强，城乡居民追求消费多样化、个性化、品质化、安全化的趋势更加突出。消费者对绿色有机农产品及加工品的需求日益增长，对休闲农业及乡村旅游、农村电商等服务的质量也会提出更高要求；同时，农村绝对贫困人口在制度上的消除，贫困农民得到了广泛教育和培训，农村劳动力素质明显提升，对技术先进的轻简化农业生产性服务业产生更多需求，这都要求乡村产业提供高质量的产品和服务。

（三）城市产业依托先进科技增强竞争力趋势凸显，要求乡村产业加快技术转型升级

“十三五”时期，在市场拉动和政府推动下，云计算、大数据、人工智能、工业互联网、物联网、无人机、5G通信、3D打印、无人驾驶等先进技术在城市产业中得到推广运用，推动了城市产业的转型升级，增强了城市产业竞争力。“十四五”时期，我国依托先进技术培育新支柱产业的力度进一步加大，这些先进技术中具有市场价值的技术将在城市产业中逐渐普及，必将显著增强城市产业竞争优势。

城市产业与乡村产业既分工合作，也相互竞争。城市产业与乡村产业对资本、劳动力、土地、技术等生产要素存在竞争，技术先进、劳动生产率高、规模效益大、利润率高的城市产业会对技术落后的乡村产业在要素市场形成挤压效应和示范效应。“十四五”时期，随着先进信息技术和制造技术在城市产业的普及运用，要求乡村产业经营主体结合当地实际，加快引入云计算、大数据、人工智能、工业互联网、物联网、无人机等先进技术，向现代农业、农产品加工流通业和涉农服务业各环节渗透，改造传统乡村产业，发展新产业新业态，提高我国乡村产业的劳动生产率和利润率，缩小与城市产业竞争

力差距，以实现乡村产业振兴[①]。

（四）农业农村环保压力凸显，要求乡村产业绿色发展

“十三五”时期我国实行化肥农药零增长行动，推动重金属污染土壤治理，扩大有机肥施用和深耕深松面积，加大退耕还草还湿力度，严控畜禽粪便污染，推动厕所革命和乡村人居环境整治，农业农村环境明显改善，但与城乡居民对美丽乡村的环保要求还有较大差距。“十四五”时期国家将围绕现代化目标，顺应居民对美丽中国的期盼，以高质量发展为主线，对农业农村环保提出更高要求。国家将对农业面源污染、重金属污染、畜禽养殖污染、农产品加工流通环节污染、休闲农业和乡村旅游环境污染以及农村电商包装物污染等乡村产业环节提出更高的污染治理目标和任务，这必然要求乡村产业走绿色发展之路。

（五）财政支持乡村产业的强度将面临减弱挑战，要求财政支持乡村产业发展由粗放转向精准

2010—2019年，我国一般公共预算收入和支出总体呈小幅波动的快速下降趋势，收入和支出增速分别从两位数的21.3%和17.8%下降到一位数的3.8%和8.1%，增速降幅分别高达82.2%和54.5%。2016—2019年，一般公共预算收入由升转降、支出几乎持续增长，但都保持较低增速（见表2-1）。全国政府性基金收入和支出分别从2013年的52268.75亿元和50500.86亿元，增加到2018年的75405.0亿元和86502.6亿元，年均增速分别为7.6%和11.4%。如果扣除2018年化解债务风险、规范债务管理而临

① 否则，我国乡村产业必将在与城市产业的竞争中衰落下去，劳动生产率和利润率过低的乡村产业很难吸引资本、人才和劳动力，“十四五”乡村产业振兴目标将无法实现。

时大幅增加的政府性基金收入和支出，2013—2017年全国政府性基金收入和支出年均增速分别只有4.1%和4.8%。一般公共预算收入和政府性基金收入构成政府可用财力的绝大部分[①]，可见，我国财政收入增速总体呈下降趋势，对乡村产业发展的财政支持增速也将有所放缓。以农林水支出增速为例，2010—2018年期间，除了2015年和2018年外，前两年稳定，之后几乎线性下滑（见图2-2），从2010年的21.0%（8129.6亿元）下降到2017年的2.7%（19089.0亿元）。

表2-1　　2010—2019年我国一般公共预算收入和支出增速　　单位：%

年份	2010	2011	2012	2013	2014	2015	2016	2017	2018	2019
收入	21.3	25	12.9	10.2	8.6	5.8	4.5	7.4	6.2	3.8
支出	17.8	21.6	15.3	11.3	8.3	13.2	6.3	7.6	8.7	8.1

资料来源：国家统计局官网。

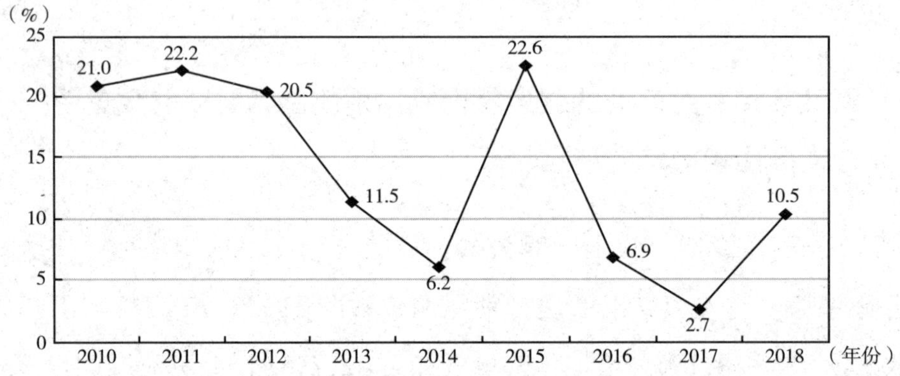

图2-2　2011—2018年我国财政用于农林水各项支出增速

资料来源：根据国家统计局官网数据计算而得。

① 政府收入包括一般公共预算收入、政府性基金收入、社保基金收入和国有资本经营收入四大类，其中，社保基金收入专户管理，直接用于居民社保支出，政府无法调用；国有资本经营收入基本用于国有企业发展，政府也很难用于其他领域，因此，只有一般公共预算收入和政府性基金收入属于政府可用财力，能够用于支持经济发展。

"十四五"我国经济增速将进一步下降，政府财力增速随之下降。虽然国家支持乡村产业的财政支出规模会随着政府收入规模扩大而扩大，但增速将下调。考虑到民生支出和环保支出具有政治意义，刚性增长趋势明显，"十四五"国家可能继续保持其较高增速，财政支持乡村产业的增速可能低于乡村产业产值的增速，单位乡村产业产值的财政支出强度将下降。国家对乡村产业的财政支持主要用于保障国家粮食安全等重要农产品供给的准公益性第一产业，对竞争性领域的乡村二、三产业的财力支持有限。这就要求国家对乡村产业高质量发展的财政支持，尤其是对乡村二、三产业的支持，不能搞"漫灌式"的粗放支持，要采取"滴灌式"的精准支持。

（六）国际经贸规则和我国发展中国家地位面临调整压力，要求我国支持乡村产业高质量发展的力度和方式符合国际规则

目前，美国、欧盟、日本、加拿大、澳大利亚、新西兰等发达国家已经或正在谈判建立自由、公平和非歧视的新自由贸易规则，例如，欧日自由贸易区2019年开始运行，美日之间正在进行类似北美三国的自由贸易规则谈判，美国与欧盟2013年的自由贸易谈判曲折推进到2020年7月并停滞不前，美国与英国2020年5月启动自由贸易谈判并施压欧盟，欧盟与澳大利亚和新西兰在2018年启动自由贸易谈判，发达国家主导的新一轮国际经贸规则开始向前推进。近年来，要求世贸组织改革的压力大增。美国、欧盟和日本等发达国家对WTO改革的立场比较一致，要求削减产业补贴、国营贸易，取消中国发展中国家地位等。

"十四五"时期，国际经贸规则的调整步伐将进一步加快，发达国家倡导建立的自由、公平和非歧视的新自由贸易规则可能得到更多国家的支持，特别是美欧日一致推动的世贸组织改革在"十四五"时期可能取得实质性进

展。如果发达国家主导的自由、公平和非歧视的新自由贸易规则成为世贸组织规则的重要部分，削减产业补贴、国营贸易等成为事实，我国将面临类似第二次加入世贸组织的风险。近十几年来，我国乡村产业特别是粮棉油糖胶等重要农产品和生猪、肉奶牛等种养业以及粮食加工等农产品加工业中的一些生产经营主体，习惯于依靠世贸组织要求削减的产业补贴来发展，企业生产效率、经营效益和绿色发展水平有限。“十三五”时期国家建立了公平竞争审查制度[①]，防止产业政策出现排除、限制竞争的政策措施，这与国际经贸规则一致。党的十九届四中全会推进国家治理体系和治理能力现代化，也对产业政策的公平竞争提出要求。“十四五”时期我国支持农业和其他乡村二、三产业的一些扭曲市场、妨碍公平竞争的政策手段将被迫调整，这就要求“十四五”时期我国支持乡村产业高质量发展要慎用扭曲市场的产业补贴政策，尽量采用减税降费等对市场扭曲少的普惠性支持政策，缩减黄箱政策水平，适当向绿箱、蓝箱政策转变。按照世贸组织要求削减产业补贴，短期势必增加乡村产业主体压力，长期将倒逼乡村产业主体高质量发展。

（七）发达国家质优价廉农产品及加工品进口压力将加大，要求我国乡村一、二产业提高国际竞争力

“十四五”期间，WTO改革可能取得实质性成果，加拿大、澳大利亚、巴西、阿根廷等新大陆国家也可能向我国提出享受类似美国的权益。届时美国等新大陆国家质优价廉的农产品及加工品将大量向我国出口，我国粮棉油糖、猪肉、牛羊肉、奶粉、葡萄酒、中高档水果、苜蓿、豆粕等农产品及加工品处于高质量发展转型阶段，将面临强大国际同行的竞争。休闲农业与乡村旅游、农产品电商、乡村信息产业以及农业生产性服务业属于服务业范畴，与我国乡村文化、区域性消费和特有生产经营方式关联，国际厂商缺乏竞争

① 2016年6月14日，国务院发布《关于在市场体系建设中建立公平竞争审查制度的意见》。

优势，传统手工制品受到中国地域特色文化壁垒保护，这些乡村二、三产业受到国际竞争的压力小。因此，“十四五”面对国际市场的激烈竞争，要求我国重点提高大众化消费的农产品及加工品质量，打造能与国际品牌相抗衡的知名品牌，加快提升以大众化消费农产品及加工品为核心的乡村产业国际竞争力。

二、“十四五”时期我国乡村产业高质量发展的思路与方向

“十四五”期间，我国经济将转向高质量发展阶段，乡村产业的基础性地位不会发生变化，但发展导向、主体功能和形态模式都会有所变化。从主要满足“吃饭”问题向满足居民美好生活需求转变，从农业生产为主向乡村价值多功能开发转变，乡村产业势必经历深层次变革过程。推动乡村产业高质量发展，要牢固树立新发展理念，落实高质量发展要求，坚持农业农村优先发展总方针，以实施乡村振兴战略为总抓手，以绿色化、优质化、特色化、品牌化、融合化为主攻方向，以扩大乡村优质产品和服务有效供给为主线，以推进农村一、二、三产业融合发展为基本路径，有效衔接脱贫攻坚和城镇化建设，发挥好技术进步、制度创新、开放引领三大动力，聚焦乡村产业体系优化、组织方式创新、生产要素变革三大着力点，加快全产业链、全价值链建设，培育壮大乡村产业，深度挖掘乡村多种功能和价值，构建高匹配性、高效率、高效益、绿色性的乡村产业体系，为农业农村现代化奠定坚实基础。

——发展方向：构建高匹配性、高效率、高效益、绿色性“三高一绿”乡村产业体系。推动乡村产业高质量发展，需要调整塑造产业发展方式、结构和动力，促进结构高级化、效率最佳化、价值最大化、发展持续化的有机

统一。衡量乡村产业是否实现了高质量发展，就看是否形成了高匹配性、高效率、高效益、绿色性等特征。所谓高匹配性，是指供给与需求实现动态平衡，优质农产品及加工品、休闲农业及乡村旅游服务等供给总量和结构对需求变化具有高度适应性。高效率包括较高的要素配置效率、生产组织效率和市场效率，主要表现是劳动力、资本、土地和技术等生产要素实现优化配置，市场实现有序竞争，形成规模经济。高效益是指生产过程能创造出更好的经济效益、更多的增值收益，实现优质优价，能够产生强大的强农带农效应。绿色性是指生产系统与自然生态系统有机耦合，实现由依赖资源消耗的粗放经营转向节约资源的可持续发展，确保当代人类及其后代对产品和服务的需求可以持续得到有效满足。

——发展主线：深化供给侧结构性改革，推动乡村产业供需关系在更高水平上实现新均衡。我国乡村产业发展质量不高，突出表现为供给和需求之间出现结构性错位，“买难”与“卖难”并存。现有乡村产业模式较好地满足了城乡居民吃得饱的需求，解决了“有没有”的问题，但不能完全适应当前个性化、多样化、高端化、体验式等消费新趋势，供给仍以大路货和粗放服务为主，分散化、低端化、非标准的产品供给模式、同质化的服务模式，难以满足城乡居民消费升级需求。解决供需错位问题，关键仍在优化供给。要立足解决“好不好”的问题，深化供给侧结构性改革，健全产业门类，延伸产业链条，提高乡村产业供给体系的适应性和灵活性，增强小众类、精准化、中高端产品和服务供给，实现优质优价、品牌溢价。

——基本路径：促进农村一、二、三产业融合发展，延伸产业链、优化供应链、提升价值链。产业融合发展是产业体系、组织方式的全面突破和创新，是提高产业效率和效益、促进可持续发展的重要途径。从全球范围看，三次产业交叉融合发展是普遍趋势，日韩等东亚小农经济体通过产业融合构建起高质量产业供给体系，美国、荷兰等国家在农村产业融合中塑造了现代农业引领乡村二、三产业发展新优势。目前，我国乡村产业门类不全，产业链条普遍较短，乡村价值功能开发不充分。依托新兴技术发展，深度挖掘农业农村资源、生态、文化等多元价值和多重功能，加快推动农村一、二、三产业融合发展，培育发展新产业新业态新模式，有利于优化乡村产业结构，提高供给体系质量，提高乡村产业发展的整体层次和水平。

——关键动力：推动技术进步、制度创新和高水平开放，培育发展新动能。提高乡村产业发展质量和效益，根本上依靠技术变革和制度创新。目前，科技进步对乡村产业发展的贡献还不充分，政策支持效能还有深挖空间。加强技术创新应用，要在“顶天立地”上下功夫，既要着力提高自主创新能力，更要重视解决技术转化应用“最后一公里”问题。强化制度创新，重点应放在农村产权制度和要素市场化配置上，激活主体、激活市场、激活要素。同时，“十四五”期间，保障国家粮食安全、维护农业产业安全的压力会不断加大，但这并不意味着应该关起门来发展乡村产业，需要深化对外开放，通过优进优出有效调节国内供给和需求，积极参与国际合作，深度参与全球乡村产业治理，为我国乡村产业发展注入外部动能。

——主要着力点：优化产业体系、创新组织方式、推动要素变革，健全乡村产业发展生态。乡村产业高质量发展，是产业体系、组织方式和要素结构变迁相互影响、综合作用的结果。其中，产业体系建设重点在于补齐乡村产业门类，处理好农业与非农产业、传统产业与新兴产业、内部发展与外部开放的关系，提高供给与需求的适配性。组织方式创新重点在巩固小农户家庭经营的基础地位，促进各类经营主体和服务主体以更加紧密的形式进行联结，促进家庭经营、合作经营、集体经营、企业经营等经营形式共同发展，实现与大市场的有效衔接。要素变革的重点在于畅通智力、技术、管理下乡通道，加快引入现代生产要素，改变当前农村劳动力素质整体不高、资本相对短缺、技术积累缓慢的发展格局，提高要素配置效率。

三、构建高匹配性的乡村产业体系

健全的产业体系是乡村产业高质量发展的基础。目前，我国乡村产业供需匹配性弱矛盾突出，有的产品（服务）有需求、缺供给，有的产品（服务）有供给、缺需求，既有市场信息传导不畅、物流配送梗阻等原因，也有技术水平不高、生产能力较弱，难以按需生产供应原因。只有产业门类更加齐全，功能更加多样、链条更加完整，才能更好地适应市场需求的复杂性和多样性变化。“十四五”期间，优化乡村产业体系，必须立足我国“大国小农”的基本国情农情，充分考虑保障国家粮食安全、农民就业生计等约束条件，不能把粮食产能调低了，农民收入调少了，这意味着必须在提升农业、繁荣农村、富裕农民的基础上，以市场需求为导向，优化生产结构和生产力布局，促进供给与需求实现总量和结构“双平衡”。

（一）优先保障国家粮食安全

粮食安全是国家安全的重要基础，是乡村产业高质量发展的底线。“十四五”期间，消费需求、资源条件、国际经贸形势等将继续发生重要变化，对保障我国粮食安全提出更高要求。应深入实施国家粮食安全战略，以推进粮食行业供给侧结构性改革为抓手，全面提升粮食安全保障水平，端牢中国人的饭碗。

——确保粮食产量和产能“一稳一升”。“十四五”期间，随着粮食价格形成机制调整、部分支持政策边际效应下降，继续稳定或提升粮食产量面临重要挑战。过去多年来，我国粮食持续增产或丰产，到2020年已连续6年稳定在1.3万亿斤以上，但粮食产能事实上并不稳固，粮食供给出现较大波动的风险依然存在。要坚持稳定产量与提升产能并举，全面提升粮食供给能力。一方面，稳定粮食产量。严守18亿亩耕地红线，全面落实永久基本农田特殊保护制度，加强粮食生产功能区建设，加大基础设施提标改造和配套服务设施建设补助力度，稳定粮食播种面积。在稳定和完善现有扶持政策的基础上，围绕解决好“谁来种粮”“如何种好粮”的问题，探索出台规模化种粮土地流转租金补贴等新的支持政策，确保粮食生产稳定。另一方面，加强粮食产能建设。实施藏粮于地、藏粮于技战略，加快补齐农业基础设施短板，全面保护和提升耕地质量，继续推进高标准农田建设，推进良种联合攻关，确保需要时产得出、供得上。

——优化粮食生产供给结构。我国粮食供求的主要矛盾是结构性的，稻谷阶段性过剩，小麦优质专用品种供给不足，玉米去库存后供需趋紧，大豆产需存在较大缺口，优质粮食供给不足。需要在稳定提升粮食产能的基础上，进一步调整优化粮食种植结构，缓解或消除品种结构矛盾。要坚持有保有控、平衡发展，保证口粮绝对安全是首位的，稻谷和小麦是必保品种，最低收购价政策要进一步完善，通过挖掘品种、技术、减灾等稳产增产潜力，保障农民种粮基本收益。玉米消费需求增长快，但生产稳定性差、年际间产量波动大，要避免“调得太快”“去得太猛”引发产业过度波动。大豆振兴要循序渐进，不仅着眼种植面积的扩大，还要推动种植、加工、贸易等整个产业链、供应链的振兴。同时，要避免应对国家之间贸易战等情势采取的短期性、应激性政策常态化，平衡好大豆和玉米的关系，防止出现“兴了大豆伤了玉米”。此外，要更多发挥加工和流通对生产的反馈和引导作用，促进粮食品种结构调整，增加绿色优质专用产品生产。

——打造现代优质粮食供应链。粮食安全是整个供应链的安全。粮食种植是基础，种子研发、加工、流通等产业链其他环节也不容忽视。应将质量兴粮理念贯穿于粮食种子研发、种植、收购、加工、流通、消费全过程，推动粮食全产业链质量升级。大力实施“优质粮食工程”，加强优质专用粮食生产示范基地建设，强化社会化服务支持，扩大绿色优质专用粮生产，促进“优粮优产”。依托政府收储的粮食，修订小麦、稻谷等收储粮食标准，健全收获粮食品质测报制度，按照普通粮和优质粮分级收购要求，以保底收购的普通粮为主（例如，占比70%—80%）、提升品质的优质粮为辅（20%—30%），探索引导粮食收购环节强化质量导向的具体办法，促进“优粮优购”。加强粮食产后服务体系建设，将耕地保护补贴资金的部分存量切块或增量资金转为绿色储粮项目资金，对因地制宜推广低温绿色储粮技术的企业给予奖补，引导收储企业分仓储存和精细化管理，促进“优粮优储”。大力发展粮食产业经济，依托大型龙头企业，培育现代粮食加工业产业集群，促进“优粮优加”。加强粮食流通能力现代化建设，提升粮食流通社会化服务水平，培育粮食品牌，引导绿色优质粮油产品消费，促进“优粮优销”。

——创新完善粮食市场调控机制。我国现有粮食市场调控机制，在保障粮食安全方面发挥了重要作用，但存在机制化、市场化水平不足的问题。在全球粮食贸易、区域间粮食供求等形势发生变化的情况下，应坚持市场化改革方向，加快建立粮食市场调控新机制。进一步深化粮食收储制度改革，加快消化粮食库存，优化玉米市场化收购加补贴机制，稳妥推进稻谷、小麦收储制度改革。近期，在继续保留最低收购价政策的前提下，增强政策的弹性和灵活性，优化执行预案和具体操作办法。“十四五”期间，应积极探索开展稻谷、玉米市场化收购加补贴等多种形式的市场化改革试点。同时，推动建立长期稳定的产销合作长效机制，加强粮源组织和跨区域调运，搞好储备粮吞吐，促进区域平衡和季节平衡。健全粮食应急保障体系，完善应急预案，确保市场平稳有序。

（二）巩固提升总量匹配能力

总量匹配是实现供需平衡的基础。“十四五”期间，随着我国人口总量持续增长和居民收入水平提高，农产品、服务类产品的需求还会继续增长，需要进一步夯实发展基础，全面提高乡村各类产品和服务的总量供给能力。

——实施耕地质量保护提升行动。耕地是农业发展之基、农民安身之本。要坚持保护优先原则，落实永久基本农田特殊保护制度，全面划定永久基本农田，严格规范永久基本农田上农业生产活动，扎紧耕地保护的“篱笆”；优先在永久基本农田上开展高标准农田建设，提高永久基本农田质量。同时，利用永久基本农田之外其他质量较好的耕地，探索建立永久基本农田储备区。尽快完成耕地质量保护立法，将耕地质量管理与建设工作纳入法制化轨道，做到耕地保护有法可依、执法必严、违法必究。实施耕地质量保护提升行动，树立耕地保护“量质并重”和“用养结合”理念，加大耕地质量建设的投入力度，以地力培肥、土壤改良、养分平衡、质量修复为重点，通过以奖代补等方式，引导新型农业经营主体参与耕地质量保护和提升。健全耕地质量监测网络，加强耕地质量管护。

——完善乡村生产和消费基础设施。基础设施是乡村产业发展的物质基础。提高乡村产品和服务供给能力，需要集中破解农村基础设施规划建设和后续管护服务的“痛点”和“堵点”，加快补齐农村基础设施短板。一方面，健全生产性基础设施。随着农村一、二、三产业融合发展，乡村产业形态更加多元化，除加强农田水利等农业基础设施建设外，还应围绕农产品加工流通、乡村休闲旅游、农村电子商务等新产业新业态发展需求，加强仓储物流、产地批发市场、游客接待中心等配套服务设施建设，以及农业物联网、大数据等信息化设施建设。另一方面，完善农村消费基础设施。结合村庄布局调整，合理确定基础设施用地位置、规模和建设标准，探索集体经营性建设用地用于农村消费基础设施建设的价格优惠政策，加快商贸流通、环保基础设施建设，完善养老服务和文化体育设施，构建便捷的生活圈、完善的服务圈、繁荣的商业圈，优化农村消费环境。

——加强生产功能区和集聚区建设。保障乡村产品和服务充分供给，需要推动产业向具备发展优势的地方集聚，以此为平台汇集资源要素，壮大产业规模，形成规模效应和集群效应。种养殖业方面，要以粮食生产功能区、重要农产品生产保护区（“两区”）建设为重点，发挥农产品加工企业等新型农业经营主体的作用，带动建设一批标准化、专业化、规模化生产基地。农产品加工业方面，要积极培育农产品专业村镇和加工强县，建设一批全国农产品精深加工示范基地。乡村休闲旅游、电子商务、乡村信息等新产业、新业态方面，应加大资源要素保障力度，打造新载体新模式，建设一批设施完备、功能多样的现代服务业集聚发展区。

——落实重要农产品保障战略。过去多年来，农产品贸易有效缓解了我国农业资源环境压力，保障了国内供应和市场平稳运行。“十四五”期间，有效调节国内供给和需求，依然要处理好统筹利用国际国内两个市场两种资源的关系。面对可能不断加剧的农产品贸易保护，需要进一步健全农产品贸易政策体系，拓展多元化进口渠道，主动扩大国内紧缺农产品进口。实施蔬菜、水果、水产品等特色优势农产品出口提升行动，扩大高附加值农产品出口。结合“一带一路”战略的实施，推动亚洲基础设施投资银行设立涉农基础设施专项贷款，支持我国涉农企业优先向“一带一路”国家投资，培育一批跨国涉农企业集团，引导企业在境外建设农产品生产、加工、仓储、物流基地。

（三）增强供给结构适应性

供给结构能够适应需求结构变化，是实现供需平衡的关键。乡村产业高质量发展，重点需要解决优质高端产品供给不足、服务供给同质化问题，提升供给质量水平。

——扩大优质紧缺农产品供给。提高农业发展质量和效益，调整优化农业结构是现实选择，也是必要途径。调整优化农业结构，应充分考虑资源禀赋、生态条件、产业基础、种植效益、市场需求等因素，强化市场化手段运用，避免“一调就减、一减就慌、一慌就收”，促进粮经饲统筹、种养加一体、农牧渔结合，扩大紧缺和绿色优质农产品供给。其中，种植业是基础，也是调结构的“重头戏”。在保持水稻、小麦生产稳定的前提下，适当调减低质低效区水稻和小麦种植面积，扩大优质稻米、强筋弱筋小麦生产。稳定玉米生产，积极应对玉米深加工需求变化的影响。加强油料生产保障供给，扩大大豆生产规模，大力发展长江流域油菜生产。推进粮改饲，大力发展青贮玉米、苜蓿等优质饲草料生产。巩固主产区棉油糖胶生产，确保重要农产品一定的自给水平。

——构建与资源环境承载力相匹配的乡村产业布局。随着乡村产业发展多样化，不论从保护生态环境，还是提高产业发展效率，优化乡村产业布局都十分必要。发展乡村产业，不能再遍地开花、盲目发展。要合理规划乡村产业布局，促进产业集聚发展。落实农业功能区制度，按照农业生产与资源环境承载力相匹配的原则，支持优化发展区、适度发展区、保护发展区差异化发展，建立反映市场供求与资源稀缺程度的农业生产力布局。依托粮食主产区和特色农产品优势区，建设集专用品种、原料基地、加工转化、现代物流、便捷营销为一体的农产品加工园区，延伸农产品加工链条，丰富加工品种和质量。依托特色资源，支持有条件的地方建设乡村工厂、生产车间，发展特色食品制造、传统手工业和绿色建筑建材等乡土产业。依托全国休闲农业和乡村旅游示范县建设，围绕业态升级、设施升级、服务升级、文化升级、管理升级，提升休闲农业和乡村旅游标准化、规范化水平。优化乡村服务业布局，进一步完善农业生产性服务体系，积极发展批发零售、养老托幼、环境卫生等农村生活性服务业。

——强化科技创新对供需匹配的支撑。乡村产业的匹配性必须依靠科技创新解决新产品（服务）的供给和现有产品（服务）的质量提升。遵循按需精准研发的原则，探索设立涉农产品和服务改造升级关键共性技术专项资金，支持由消费大数据强的互联网平台企业牵头、行业龙头企业支撑、高校科研机构参与的科技攻关联盟，攻克现有农产品和服务的关键共性技术瓶颈，全面提升现有农产品质量，增强其匹配性。加强新产业新业态新产品技术支持，对填补市场空白、风险高、受众广的重要农产品及加工品和涉农服务给予研发及市场开拓奖补，支持企业开发适合于休闲农业的新品种新技术，适合于民俗手工艺品制作的技术和设备，适用于农村电商、餐饮、娱乐等新业态的信息化新技术等。

——提高乡村产业质量安全水平。产业由大到强，关键在于提升质量安全水平。促进乡村产业高质量发展，必须夯实质量基础，守住安全底线。应实施乡村产业质量安全保障工程，健全监管体系、监测体系、追溯体系，提升农产品及其加工产品、乡村休闲产品质量管理水平。在当前分散的家庭经营仍占主导的条件下，要积极落实生产者责任，建立农产品生产经营主体信用档案，通过发展“公司+农户”“合作社+农户”等多种形式的规模经营，将千家万户纳入安全生产轨道。建立健全生产、流通、加工、消费全程监管链条，加强复合型农产品质量安全执法监管人才队伍建设，加强重点产品突出问题专项整治，严打非法添加、制假售假、私屠滥宰等行为，提高处罚震慑力。充分利用信息技术手段，以责任主体和流向管理为核心、以追溯码为载体，贯通检测、认证、预警、评估、执法、追溯、标准化等全要素，构建质量安全追溯平台，推动追溯管理与市场准入相衔接。强化休闲农业和乡村旅游规范管理，构建经营主体自我管理、自我监督、自我服务的管理服务体系，提高服务质量水平。

四、提高乡村产业发展效率

提高效率是乡村产业高质量发展的必然要求。产业发展高效率取决于要素配置效率、生产技术效率与产业组织效率等方面。“十四五”期间，提高乡村产业发展效率水平，要深入破除影响要素高效配置的体制机制障碍，用现代技术改造乡村产业，用现代组织模式发展乡村产业。

（一）优化乡村要素投入结构

纵观发达国家发展进程，在经济起飞阶段，大多数国家乡村产业发展主要依靠资源要素投入，跃升更高阶段后，基本转向提高全要素生产率来驱动发展（郭庆旺等，2005）。目前，我国农业供给侧结构性改革已取得积极成效，但乡村产业发展靠要素投入、规模扩张的局面还没有完全扭转，要素错配现象较为常见，配置效率水平总体不高（盖庆恩等，2017；柏培文、杨志才，2019）。面向“十四五”，要深入实施乡村要素市场化改革，破除阻碍要素自由流动的体制机制障碍，扩大要素市场化配置范围，健全要素市场体系，推进要素市场制度建设，全面提升要素配置效率。

——加快放活土地要素。土地是乡村产业生产要素配置的基础，土地要素不能自由流动，资本、人才等生产要素就很难进得来。要积极引导农村承包地有序规模流转，健全县乡村三级土地流转服务和管理网络，因地制宜建立农村土地流转服务公司、农村产权交易平台、土地流转服务中心等各类农村土地流转中介组织；积极探索土地承包经营权永久性退出。完善设施农用地政策，进一步细化设施农用地范围，明确生产设施、配套设施、附属设施三类设施农用地的规划安排、选址要求、使用周期，出台农业配套设施和附属设施的建设标准和用地规范，适应环保监管和农村产业融合发展要求。盘活农村存量建设用地，加快推进集体经营性建设用地入市，建立健全城乡统一的建设用地市场；扩大农村宅基地制度改革试点范围及路径选择，完善城乡建设用地增减挂钩政策；将“允许村集体在农民自愿前提下，依法把有偿收回的闲置宅基地、废弃的集体公益性建设用地转变为集体经营性建设用地入市”落到实处；探索宅基地使用权有偿退出与有偿使用办法；允许村集体经济组织采取作价回购、统一租赁或者农户股份合作等多种方式整合本村农民闲置房屋资源；鼓励有条件的地区编制农村土地利用规划，通过农村闲置宅基地整理、土地整治等新增的耕地和节余的建设用地，优先用于乡村产业发展。

——推进乡村产业资本深化。资本深化是我国乡村产业高质量发展绕不开的道路，没有资本要素参与改造乡村产业，乡村产业就会如舒尔茨所言的“一潭死水，毫无生机”（舒尔茨，2006）。提升乡村产业资本存量，要内外并举，一方面要强化金融支农功能，另一方面要引导工商资本下乡。首先要撬动金融支持乡村产业发展。由于没有整体、协同推进乡村资产确权颁证—资产处置市场建立—风险防范机制构建，导致乡村产业大量投入无法形成可抵押贷款的资产，是农村资产抵押贷款不能落地的重要原因。要鼓励地方政府加快推进农村产权确权颁证，推广成都市农业设施抵押贷款经验，扩大农村抵押担保物范围，重点开展设施农业用地、农村土地承包经营权、农村房屋、林权、大棚养殖圈舍等生产设施以及活体动物、果园苗木等生物资产抵押贷款。鼓励地方政府开展以农村资产确权颁证为基础、以农业保险创新为配套、以风险补偿金设立为保障、以农村产权交易中心建立为保障的农村产权抵押贷款机制。完善农村产权价值评估体系，以风险基金补偿银行贷款损失，按照专项贷款额与奖补标准挂钩的方式，支持银行接纳农业生产设施抵押与生物资产抵押。其次是要大力鼓励与引导工商资本下乡。工商资本参与乡村产业发展，现实有需求、发挥作用有空间，要在保护生态环境、防止投资圈地、坚守耕地用途、保障租金发放前提下，尽可能减少和降低对工商资本下乡租赁农地期限、面积等控制条件，赋予工商资本进入和退出农业农村的自由选择权，重点要“强监管、防风险、抓服务”，围绕“用地难、融资难、风险大”等问题，健全工商资本下乡政策支持体系、风险防范体系与配套服务体系，使工商资本“进得来、发展好”。

——建立专业化乡村产业人才队伍。目前，我国农村劳动力整体素质普遍不高，基层农业科技服务能力弱，尽管国家出台了不少引导人才下乡政策，但在落地过程中存在不同程度的“梗阻”，缺乏长效激励机制，导致人才很难下乡、产业较难发展。强化乡村产业劳动力支撑，要在提升劳动力职业化、组织化水平上下功夫，重点推进“三个一批”。对一批有接受培训意愿、有文化基础的农民，要加大培训投入力度，鼓励采用培训券等市场化培训机制，下大力气培育新农民、农业科技人才、农民企业家三支队伍。对一批没有培训意愿、文化素质不高的农民，通过组织化、产业化生产变成产业工人。结合农村一、二、三产业融合发展，引进一批高素质、高技能人才，要全面建立高等院校、科研院所等事业单位专业技术人员到乡村和企业挂职、兼职和离岗创新创业制度，保障其在职称评定、工资福利、社会保障等方面的权益，积极引导农民工、大中专毕业生、退役军人、科技人员等返乡入乡人员和“田秀才”“土专家”“乡创客”创新创业。

（二）强化科技创新引领

生产技术效率是由科技含量的提高而带来的产出成效，反映了对现有资源有效利用的能力。从发达国家经验看，科技是乡村产业腾飞不可或缺的羽翼。虽然近年来以互联网为代表的新技术广泛应用于乡村产业，但我国乡村产业发展总体科技含量不高，多数乡村企业科技创新能力不强。应深入实施乡村产业科技创新行动，系统推进技术创新、协同创新与推广创新，加快补齐科技短板，提升生产技术效率。

——聚焦关键技术创新。在乡村产业发展过程中，技术创新涉及领域很广，部分技术研发门槛高、投入大、外溢性强，要持续加大公共财政投入力度，围绕生物种业、绿色生产、现代农机、农产品加工、智慧农业、农产品质量安全、重大动物疫病防控、农机农艺融合、高效设施、信息网络等领域关键核心技术，加快关键核心技术攻关与装备研制。吸引农业技术人才下乡入园，依托现代农业科技园区，深入实施农业科技杰出人才计划和杰出青年农业科学家项目，建设农业实验室（站）、院士工作站、专家大院等，加快培养农业科技领军人才和创新团队。深入实施现代种业提升工程，培育一批具有国际竞争力的种业龙头企业，推动种业科技强国建设。针对当前乡村产业存在的消耗大、污染大等问题，强化绿色技术通用标准研究，在生态环境污染防治、资源节约和循环利用等重点领域制定一批绿色生产标准、研发一批绿色生产技术。推进农机装备和农业机械化转型升级，推动农机购置补贴政策从“补装备”向“促研发”拓展，探索设立新装备新技术推广风险补偿金，加大高端、智能农机装备和丘陵山区、果菜茶生产、畜禽水产养殖等农机装备生产研发支持和推广力度。着力提升农产品加工技术装备水平，加快全国农产品加工技术研发体系建设，开展协同攻关，研发推广农产品加工共性关键技术，围绕农产品产后商品化处理、初加工、精深加工、综合利用加工等关键环节，以及农村一、二、三产业融合发展需要，设立重点龙头企业牵头、产学研联合攻关的国家重点研发计划、技术创新引导专项等科研项目，加大科研工作支持力度。

——健全协同创新机制。协同创新是科技创新的主要形式，实施协同创新，既能集中优势资源、提高创新效率，又能促进产学研用融合、创新成果和市场需求对接，提高创新质量。20世纪90年代以来，美国、日本等发达国家的科技创新绝大多数是通过协同创新实现的（杨果，2018）。当前，科研与产业脱节是我国乡村产业科技水平不高、生产技术效率不优的重要原因之一，面对世界新一轮科技革命和乡村产业变革孕育兴起的新形势，面对乡村产业高质量发展的迫切需要，要更加注重协同创新，大力促进产学研用深度融合。应加强基础研究、应用技术研究和产业化的统筹衔接，着力构建企业牵头、高校和科研机构支撑、产学研用相互促进的协同创新体系。完善国家农业科技创新体系和现代农业产业技术体系，健全产学研用协同创新机制。进一步确立企业的主体地位，让企业成为乡村产业技术项目确定的主体、技术创新投入的主体、技术创新成果产业化的主体。引导鼓励大企业与高校、科研机构紧密合作，瞄准生物种业、绿色生产、农业机械、农产品加工、重大动物疫病防控、高效设施、信息网络等关键核心技术推进协同创新。加大金融机构对协同创新的支持力度，构建天使基金、风险投资基金等多层次金融支持体系，探索实施股权激励等措施，为协同创新提供充足资金保障。

——创新科技推广体系。基层技术推广体系是提升乡村产业科技水平的重要抓手，解决我国乡村产业科技推广面临的队伍建设滞后、服务能力不足等问题，要系统推进科技推广队伍建设、科技推广方式创新、科技推广示范载体打造三方面工作。建设一批科技推广队伍，首先要在健全基层公共服务机构上有突破，基层公共服务机构是先进技术推广的最前沿阵地，要按照强化基层公益性农技推广服务的要求，加快健全基层农业公共服务机构，明确公益性定位，细化公益性职能并落实到每个工作机构和每位农技人员身上；其次要引导鼓励新型农业经营主体等社会力量开展农技推广，加快构建以公益性推广机构为主导、其他服务组织广泛参与的"一主多元"农技推广服务主体。创新科技推广方式，围绕公益性农技推广，引入项目管理机制，推行政府购买服务，加快农业科技成果转化应用；围绕地方主导产业和农业科研院校的优势学科，推进农业科研院校间、校地（企）、院地（企）等多种形式的合作，探索建立农业技术推广联盟，大力探索"科研试验基地—区域示范基地—基层农业技术推广站点—新型农业经营主体"的"两地一站一体"链条式推广模式；建立健全专家教授驻村、驻企等对口联系服务制度，建设专家大院、院士工作站、教授工作站、博士后工作站、学生实践基地等，鼓励科研人员在生产一线开展科学研究和技术服务；充分利用大数据、云平台、移动互联等现代信息技术，探索"互联网+"条件下农业技术推广服务的新手段，实现服务精准化、便捷化和高效化。打造一批科技推广示范载体，结合现代特色农业示范区和粮食生产功能区、重要农产品保护区、特色农产品优势区和现代农业产业园、科技园及创业园创建，高标准创建一批现代农业科技展示推广中心、成果转化中心、示范基地和科技示范户。

（三）创新生产组织模式

产业组织理论告诉我们，产业组织形态是影响经济效率的重要因素。当前我国乡村产业已初步构建了家庭经营、集体经营、合作经营、企业经营等共同发展的产业组织格局，但是还存在生产规模较小、产业价值不高、竞争力较弱等问题。提高乡村产业生产效率，建立现代生产组织模式是基础。

“十四五”时期，要在稳定家庭经营基础上，着力在产业化联合体、集体经营方式、行业协会功能方面下功夫。

——着力发展农业产业化联合体。农业产业化联合体是农业产业化龙头企业带动、农民合作社和家庭农场跟进、小农户参与的生产组织形态，发展农业产业化联合体有利于构建现代农业经营体系、推进农村一、二、三产业融合发展、提高乡村产业综合生产能力。首先，要增强龙头企业带动能力，发挥其在农业产业化联合体中的引领作用，鼓励龙头企业兼并重组、建立现代企业制度、加大科技创新、优化产品结构、强化品牌建设，提升农产品质量安全水平和市场竞争力。其次，要提升农民合作社发展质量，加快落实农民合作社平等市场主体地位，健全农民合作社退出机制，清理一批空壳合作社，坚持示范引导，促进农民合作社规范化发展。最后，要完善家庭农场认定办法，积极开展示范家庭农场创建活动，引导和促进家庭农场提高经营管理水平，重点支持家庭农场稳定经营规模、改善生产条件、提高技术水平、改善经营管理等。

——创新农村集体经济运行机制。壮大村级集体经济既是落实乡村振兴战略的要求，也是新时期农村生产关系调整的关键内容，是提升产业效率的重要方式。面对当前我国农村集体经济普遍存在的发展水平较低、增收路径较窄、持续性较弱等问题，要在成员资格、产权构成、经营方式上加大改革力度，打好这“三张牌”，系统推进农村集体经济混合所有制改革。在成员资格上，要打破农村集体经济长期以来依托地域的封闭化运行结构，建立开放式的成员结构，探索人才动态进出机制。在产权构成上，不仅要加快推进农村集体经济清资核算与产权确权，而且要允许吸纳社会资本，尤其是引导工商资本与村集体合作建立混合所有制产权结构。在经营方式上，不仅要探索多种类型的农村集体经济实现形式，发展基于集体成员边界清晰、集体产权关系明确的股份合作经济，而且要引入外部经营管理人才与企业经营管理制度，建立所有权与经营权分离的现代企业管理制度，探索混合经营等多种实现形式。

——充分发挥行业协会作用。行业协会是政府与企业的桥梁和纽带，能够承担政府想做但无精力做、单个企业做不到而市场需要的事情，通过信息传递、业务培训、市场咨询、品牌建设以及企业诉求反映等，能有效促进产业组织发展壮大，是政府、企业之外推动产业发展的第三种力量。但是，我国乡村产业有关行业协会以往大多由政府部门筹办，以行使政府职能为主，后来政府与行业协会脱钩，又没有法律授权，行业协会信息匮乏、功能软弱、协调乏力，未能完全体现出行业协会的自治性、中介性，政府与企业的纽带作用发挥得很有限，未来要加快推进行业协会与行政机关脱钩改革，借鉴国内外实践经验，依法增强行业协会功能，研究制定行业协会法律法规，理顺行业协会与政府之间的法律关系，强化法治约束。针对脱钩后行业协会章程中的制度空白，指导乡村产业的相关行业协会依法修订章程，细化民主选举、民主管理、民主监督等内部治理关键环节上的规则，提高协会章程的权威性和执行力，奠定法人治理的制度基础。

五、建立高效益的乡村产业富农机制

高效益不仅是乡村产业高质量发展的最终体现，也是确保广大农民生活富裕的物质基础。当前，我国农业生产成本逐年上升，农产品加工转化率较低，农业多种功能开发有限，涉农产品和服务品牌溢价能力不强，大多数乡村产业效益欠佳，还要受到新冠肺炎疫情的不利冲击。“十四五”时期，农民持续增收的挑战增多，亟须充分释放乡村产业的带农富农机制，根据市场需求变化和乡村资源禀赋特点，持续延长乡村产业链、着力提升价值链、健全现代供应链，通过建立新型利益联结方式、实施品牌富农行动和完善现代流通体系，真正让农民分享更多产业链增值收益。

（一）建立健全新型利益联结方式

延伸农业产业链，拓展农业多种功能，需要具有现代经营能力的市场主体。目前农民个体主办的乡村产业普遍面临资金、人才、市场等制约，农民合作社、村级集体股份合作社等农民经济组织发展滞后，对外来工商资本又过于强调社会责任，“拉郎配”式推动工商企业采用二次分红、保底收益+分红等利益联结方式。“十四五”时期亟须重新思考乡村产业发展的组织模式，探索平等互利可持续的工商资本与农民之间的利益联结方式。

——充分组织农民发展乡村产业。让农民成为发展乡村产业的主体是确保收益更多由农民分享的基本路径。重点支持乡村能人、外出农民工、农村生源大中专毕业生等熟悉乡村且有一定能力的乡土人才创新创业，综合采用直接补助、项目扶持、贷款贴息、担保补贴、以奖代补等方式，支持各类乡土人才兴办农民合作社、家庭农场以及农副产品初加工、农业生产性服务业、乡村旅游、农产品电商等产业。鼓励农户以土地、资金、林权、劳动、技术、农机、房屋等为纽带，发展多样化的联合与合作，组建各类股份合作组织，稳步推进符合条件的农民合作社开展内部信用合作。依托农村产权制度改革成果，支持有集体统一经营资产的村（组）建立集体股份经济合作社，利用集体房舍、厂房等发展物业经济，通过自营、入股、租赁等形式使用土地、林权、水面发展乡村旅游、光伏发电等产业，支持符合条件的农村集体经济组织优先承担财政支农惠农项目。建立健全村干部、村集体经济组织负责人、农民合作社负责人激励约束机制，确保集体资产收益稳步增加、真正惠及普通农户。针对疫情等突发事件造成的农业生产组织和农户经营困难，可以临时增加国家重要农产品储备量，以补贴和政策性信贷等支持政策，鼓励农业产业化龙头企业和产业化联合体稳定订单收购价和收购量。

——完善工商企业与农民的利益联结机制。充分发挥市场机制在利益联结方式、收益分配方面的决定作用，鼓励龙头企业和农民合作社自愿签订订单农业、实施保底价收购和“保底收益+按股分红”，[①]防止地方政府变相诱迫企业以保底价等方式收购农产品，慎用政府项目资金入股要求企业向农民高息定额分红，防范企业倒闭或经营困难带来的分红落空风险。建立健全农村居民信用体系、下乡企业诚信管理制度，将企业与农民违约行为列入信用档案，并作为融资贷款、享受优惠政策重要参考依据。明确工商企业下乡从事产业的“正面清单”，建立健全工商企业带农富农正向激励机制，把稳定带动农户数量和农民增收情况作为工商企业获得政策支持的重要依据，逐步建立工商企业社会责任报告制度，给予带农富农企业家以“杰出企业家”、“特别贡献企业家”、政协委员、人大代表等荣誉奖励。在具有一定外部性的资产运营领域（如农村土地盘活利用、资产开发等领域），鼓励采取农业企业、村集体经济组织、农民三方持股等方式，大力推广农业企业、农民合作社的农业项目财政补助资金股权化改革。

（二）实施品牌富农行动

优质不优价是当前乡村产业发展的突出问题，也是制约乡村产业效益提升的重要障碍。近年来，农业农村部发布了《关于加快推进品牌强农的意见》，不少地方致力于发展农产品区域公用品牌，打造出“涪陵榨菜”“烟台

① 只有市场主体采取的自愿行为，才能让“无形之手”的市场机制实现资源最优配置。龙头企业和农民合作社等新型农业经营主体，从稳定农产品加工原料规模和品质等产业链整体利益角度，有时会自愿采取保底价收购、二次分红等紧密型利益联接机制，这是政府所期望的市场主体社会责任与经济利益相统一的行为。

苹果”“盱眙龙虾”等一大批享誉全国的知名品牌，实现了规模与效益齐增，但是我国农产品品牌建设整体上依然滞后，尚未实现吸引消费者购买、农产品溢价销售的目标，不少地方抱着优质特色农产品的“金饭碗”却没能实现农民增收致富。“十四五”时期，应针对农产品品牌建设中的痛点和短板，真正让优质农产品实现溢价销售，成为农民致富的“金袋子”。

——因地制宜培育农产品区域公用品牌。充分发挥农产品协会、龙头企业、专业品牌运营商在农产品区域公用品牌创建培育中的积极作用。对于农产品资源整合能力强，组织管理架构较为完善，品牌运营团队健全的农产品协会，建议采用农产品协会独立运营模式，政府可以转移部分行业管理职能，建立政府向行业协会购买公共服务清单，探索将一部分涉农财政项目由行业协会申请和实施，并给予农产品协会一定额度的场地租赁、物流费用、人员培训等经费补助，进一步提升农产品协会品牌运营管理能力。对于新组建或者缺乏市场运营管理人才团队和品牌运作经验的农产品协会，建议在政府先期大力支持下采用农产品协会+外聘品牌运营商模式，借助外部专业力量迅速打开农产品市场、打响农产品区域公用品牌；对于具有一定市场运营管理基础、拥有一家或若干家经验丰富的市场化品牌营销会员企业的农产品协会，建议采用农产品协会+内设运营企业模式，依托优秀会员企业市场渠道资源和品牌运作能力，实现区域公用品牌与会员企业品牌双赢。

——统一地理标志产品认证管理。针对农产品地理标志产品认证与管理存在市场监管和农业农村两大部门三套体系并存造成的法规内容交叉重叠、行政执法机关多头管理等乱象，建议尽快将地理标志认证管理部门职能统一，明确一个主管部门、一套申报程序、一个监管平台、一个商标，出台统一的地理标志产品认证标准，搭建农产品地理标志产品信息追溯中心。研究出台地理标志产品保护行政法规，统筹协调多部门合力开展打击地理标志农产品假冒侵权行为。

——构建市场化的品牌培育机制。为了避免在品牌创建培育中政府背书承担过多责任，扰乱市场秩序，各地在全面取消“名牌产品”“知名品牌”等各类称号的评选认定工作后，进一步取消政府对企业争创各类品牌的一次性奖补，通过发布“黑榜”、纳入失信黑名单等增加假冒侵权成本，建立全国联网运营的假冒伪劣打击网络，加大品牌保护监管力度。支持农产品协会、大型电商平台、高校等第三方机构，通过系统性问卷调研和消费者评价大数据，发布全国和省级农产品品牌和企业品牌价值榜，并在主流媒体平台发布。

（三）完善现代农产品流通体系

目前，我国农业供应链的前端生产和中端加工均取得了长足进步，但是末端流通环节短板非常突出，不仅损耗加大、品质下降、收益减少，而且流通链条过长、加价环节太多，导致大部分增值收益被中间商获得。未来亟须通过改造提升农产品流通体系、大力发展农产品电子商务，强化产销直接对接，提高农民收益份额。

——改造提升农产品流通体系。实施乡村物流降成本行动，加大冷链、仓储、配送等物流设施建设补贴和用地支持力度，深入开展乡村物流领域收费专项检查，严禁各地以疫情为由未经批准擅自设卡拦截运输车辆、随意断路封路阻断交通，探索将享受“绿色通道”政策的鲜活农产品扩大到初加工农产品。引导企业打造交邮共建、交农对接等各具特色的农村物流发展模式，推动相关行业龙头企业积极整合电商、快递、物流企业订单资源，探索建设面向农村地区的共同配送中心。依靠遍布城乡的“村村通”客车，实施农村客货联盟三年行动计划，支持农村客运企业广泛参与下乡进村物流，解决农村物流返程空载率高难题。开展农产品批发市场转型升级行动。“十四五”

期间将农产品批发市场转型升级列入国家新型基础设施建设任务。按照标准化、绿色化、智慧化要求，采取“先试后推、制定标准、政府补助、社会投资”方式，改造或新建一批设施先进、功能完善、管理科学、承担社会责任的现代农产品批发市场。实施农产品产地市场建设工程，加快布局一批田头市场，重点开展地面硬化、称重计量、商品化处理、贮藏保鲜、质量检测、信息服务等标准化基础设施建设，提升产地农产品分级、预冷、烘干、初加工、冷藏保鲜、冷链物流能力。支持农民合作社、农村集体股份经济合作社等参加农业展会、入驻农贸市场和农产品批发市场，积极发展农产品订单直销、连锁配送、社区直营、认种认养、农产品众筹等新业态。

——大力发展农产品电子商务。合理布局村级电商站点，鼓励各类电商平台企业共享乡村基层站点资源，依托菜鸟网络等电商物流平台企业打造县域智慧物流网络平台，为农产品上行提供全链路方案，做好供应商、配送车辆、网点、农户等环节的精准对接。充分利用网络直播、短视频等新媒体，开展多种形式的农产品网上专卖活动，缓解疫情等重大突发事件导致的农产品滞销问题。扶持发展农产品电商协会，鼓励政府联合大型电商平台企业共同推进农产品标准化，建立一批网销农产品标准化生产和加工示范基地，支持县域电商产业园区建立土特产品“共享制造”车间。加大乡村电子商务培训支持力度，允许示范县所在省份按照本省实际制定电商培训费标准，重点针对村干部、返乡农民工、大学生村官、合作社负责人开展电子商务知识培训，培育农村电子商务创业带头人，鼓励人社、农业等部门与大型电商平台企业联合编写实用型电商培训教材，分级分类对从业人员开展上行农产品包装、设计、宣传、营销等实操技术辅导。

六、优化乡村产业绿色发展模式

绿色性是乡村产业可持续发展的直接体现，也是实现乡村产业发展与生态宜居乡村建设和谐统一的根本要求。当前，虽然我国出台了众多乡村产业绿色发展的政策措施，但是农业土地、水资源紧缺的状况没有根本改变。我国作为世界上农业废弃物产出量最大的国家，每年全国产出农业废弃物大约50多亿吨，农业面源污染和农业废弃物资源化利用水平仍有巨大的改善空间。“十四五”时期，亟须在延续现有农业绿色发展有效政策措施的基础上，借鉴发达国家经验，进一步完善相关激励措施。

（一）以立法形式稳定绿色农业政策预期

应在《畜禽规模养殖污染防治条例》等已有农业环保法律法规的基础上，参照日本等发达国家经验，将绿色农业发展列入立法议程，制定更加普惠、范围更广的《可持续农业法》《农业生态环境保护法》，明确对可持续农业生产方式和农业生态环境保护的长期扶持，支持各地政府以地方立法形式补齐相关法律法规短板，制定支持绿色农业发展的中长期规划，尽快出台农业有机废弃物资源化利用、循环农业、低碳农业等细化标准，由农业农村部门按照每5年发布一次的要求，牵头制定“十四五”绿色农业项目清单和申报指南，建立促进绿色农业发展长效机制，强化各类绿色农业发展支持的政策预期。

（二）创新绿色农业生产支持方式

随着我国经济地位的提升和国际经贸规则的变化，农业支持政策的结构性问题日益突出，“十四五”时期，需要调整和压缩“黄箱”支持规模，扎实推进以绿色生态为导向的农业补贴制度改革，着力增加符合“绿箱”支持的测土配方施肥、有机肥补贴、秸秆还田、土壤深耕深松、绿色防控等绿色农业相关补贴。在具体支持方式上可以借鉴发达国家经验，形成我国绿色农业发展的新举措。

——探索开展环境友好型农户、农资、农机的认定和支持。支持有条件的地区借鉴日本经验，发布环境友好型农户认定管理办法[①]，通过财政贴息、担保补贴、贷款保险等金融风险分担和补偿措施，支持农业发展银行、商业银行等为符合条件的环境友好型农户提供中长期贷款。在农机具购置和农业设施建设上给予环境友好型农户优先支持，并提供更高额度的补贴资金扶持；对于环境友好型农户新建或改扩建的环保设施，以及为开发农业多种功能建设的亲环境非农设施，优先给予建设用地支持。全面推广广东经验，通过招标方式确立环境友好型农资供应商名单和环境友好型农资名录，对于农户购买环境友好型农资及其设备给予补贴。稳步推进农机国四标准实施，鼓励低排放农机技术研发立项，分区域差异化实施低排放农机补贴政策，对于东部、东北等一些农机使用相对饱和的地区，只对购置低排放农机发放农机补贴，对于中、西部等农业机械化水平有待进一步提高的地区，制定不同排放标准农机等级补贴办法，低排放农机享受更高额度的补贴标准。

——加大农业生态补偿力度。对西北、内蒙古等农业生态脆弱地区、湖

① 日本环保型农户的认定程序是：拥有30公顷以上的耕地，年收入50万日元以上的农户，经本人申请，并附环保型农业生产实施方案，报县农林水产行政主管部门审查后，再报农林水产省审定，将合格的申请者确定为环保型农户。

南等土壤重金属污染地区以及近海渔业资源衰竭地区，通过财政转移支付类项目，加大退耕还林、退牧还草、休耕轮作、休渔禁牧等修复生态系统功能项目的补偿力度，支持发达地区与邻近地区开展跨区域农业生态补偿。创新实施"押金—返还"制度，向潜在的污染排放或生态破坏的农业生产者（如规模畜禽养殖户），收取一定的保障金或押金，确保农业生产者能够将畜禽粪便转化为有机肥并合理施用到田间。

——健全绿色农业信贷服务体系。重点依托政策性金融机构，引导商业性金融机构、农村合作金融和村镇银行进入，共同构建绿色农业金融服务体系。人民银行和银监会发布绿色农业信贷工作指导意见，并制定相应的绿色农业信贷考评办法，通过"窗口指导"向国内金融机构推介有机农业、循环农业、农业绿色农业技术研发、农业资源合理利用与生态环境保护等绿色农业重点建设项目。

（三）加快绿色农业技术的研发推广

《农业绿色发展技术导则（2018—2030年）》（以下简称《导则》）明确了我国主要绿色农业的研发重点、示范推广方向，下一步重点是通过科技体制、商业模式创新，落实好《导则》。

——强化科技支撑。尽快发布绿色农业技术任务清单，在现有农业科技创新经费渠道的基础上，加大绿色农业技术科技投入，支持各地设立农业可持续发展基金，围绕《导则》明确的绿色农业技术研发重点，加大项目资金支持。构建激励有效的绿色农业科技成果转化生态，避免人为设置科技成果转化奖励上限，明确科研人员智力成本支出纳入本单位年度工资总额，但不受工资总额限制。在农业科技机构中组建拥有专业知识的科技成果转化团队，建立一个覆盖全国的绿色农业科技成果转化联动交易网络。

——加强示范推广。创新绿色农业技术社会化、商业化示范应用模式，通过贷款贴息、项目扶持、以奖代补等方式，扶持发展一批能够提供专业绿色农业技术服务的合作社、庄稼医院、农技服务公司等新型经营性绿色农业服务组织，为农户提供环境友好型农资直供、精准高效农机服务、绿色疫病防治、农业废弃物资源化利用等订单式服务，研究制定政府购买绿色农业技术公益性服务的指导性目录，鼓励向经营性服务组织购买易监管、可量化的绿色农业技术公益性服务。重点在国家农业可持续发展试验区内，依托现有“一主多元”的农技推广体系，通过创新农技人员提供增值服务合理取酬机制、实施农技推广服务特聘计划和科技特派员制度等，加快普及最新的绿色农业技术，将基层农技推广人员推广应用绿色高效技术纳入业绩考核范围。

参考文献

[1]柏培文、杨志才：《中国二元经济的要素错配与收入分配格局》，《经济学（季刊）》，2019年第2期。

[2]盖庆恩、朱喜、程名望、史清华：《土地资源配置不当与劳动生产率》，《经济研究》，2017年第5期。

[3]郭庆旺、赵志耘、贾俊雪：《中国省份经济的全要素生产率分析》，《世界经济》，2005年第5期。

[4]金京淑：《日本推行农业环境政策的措施及启示》，《现代日本经济》，2010年第5期。

[5]蓝海涛、王为农、涂圣伟、张义博、周振：《我国农产品电子商务发展的现状、问题及政策建议》，《中国发展观察》，2018年第12期。

[6]尚旭东、李秉龙：《我国农产品地理标志发展运行特征、趋势与问题——基

于农业部、质检总局、工商总局的分析》,《生态经济》,2013年第4期。

[7]舒尔茨:《改造传统农业》,商务印书馆2006年版。

[8]杨果:《有的放矢:提高协同创新的质量和效率》,《人民日版》,2018年10月25日。

[9]叶兴庆、程郁、周群力、殷浩栋:《新冠肺炎疫情对2020年农业农村发展的影响评估与应对建议》,《农业经济问题》,2020年第3期。

[10]张义博、蓝海涛:《我国农业低碳发展政策探析》,《中国经贸导刊》,2014年第18期。

第三章

“十四五”时期制造业高质量发展趋势与政策

本章执笔：付保宗　徐建伟

内容提要

“十三五”时期，我国制造业产出规模继续壮大，增长速度波动变化；质量效率有所提升，发展优势逐步转化；产业结构调整加速，虚拟高度化特征明显；创新追赶成效显著，技术重合竞争更激烈；国际化水平提高，产业“走出去”步伐加快。与此同时，我国制造业技术创新能力依然较弱，现代金融支撑不力，人力资源供给结构亟待优化，市场活力尚待激发，国际挑战不断加大。“十四五”时期，我国制造业结构高度化特征增强，产业链条高级化面临突破，产业模式智能化转型有望加速，产业效益绿色化水平继续提升，制造服务融合化向纵深拓展。为此，要促进传统制造业提档升级，支持新产业、新模式加速壮大，建设创新引领、协同发展的产业体系，构筑更有活力、更加开放的产业发展新机制。

当前，国内外市场竞争格局和资源要素条件正在深刻变化，我国经济已由高速增长阶段转向高质量发展阶段。“十四五”时期是我国全面建成小康社会后的新起点，是我国实现第二个百年奋斗目标的新阶段。随着我国工业化进程迈入深化发展新时期，由制造大国向制造强国转变进入攻关期，推动制造业高质量发展成为大势所趋。

一、“十三五”时期我国制造业发展的主要特征

（一）产出规模继续壮大，增长速度波动变化

我国连续多年稳居全球制造业第一大国，2018年我国制造业增加值占世界的份额达到28.0%以上，相比2015年提高约8个百分点。2018年，我国制造业增加值达264820亿元，约为“十二五”末（2015年）的1.31倍、“十一五”末（2010年）的2.03倍（见图3-1），2019年进一步增加至269175亿元。制造业GDP占比不断下降，2018年制造业占GDP的比例为27.84%，相比2016年下降0.23个百分点，2019年进一步下降至27.17%。从增速变化来看，“十二五”时期制造业增速持续下降，“十三五”时期有所好转，2016—2018年平均增速为9.40%，相比“十二五”时期9.35%的平均增速略有提高（见图3-2）。从国际上来看，在500余种主要工业品中，

我国有220多种产量位居世界第一，其中，彩色电视机、空调产量超过2亿台，冰箱7876万台、洗衣机7150万台，超过全球产量50%以上；汽车产量超过2780万量，占全球的30%；新能源汽车产量127万辆，占全球的50%以上。

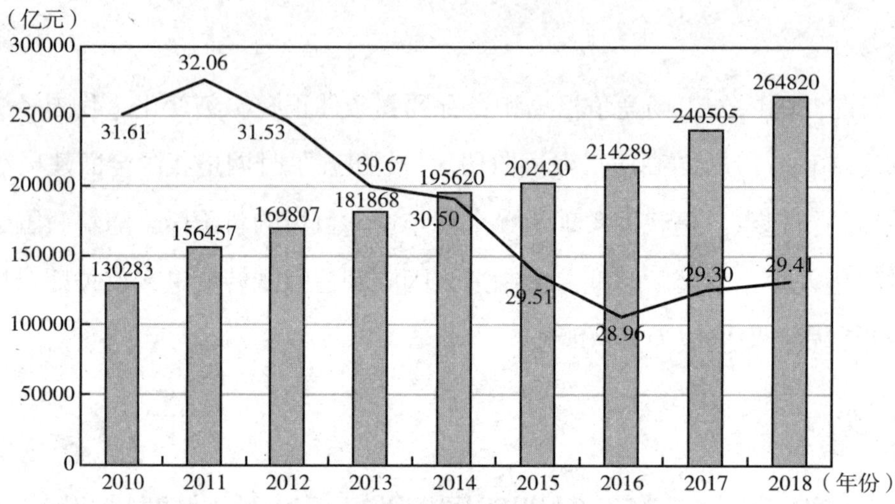

图3–1　我国制造业增加值规模

资料来源：世界银行。

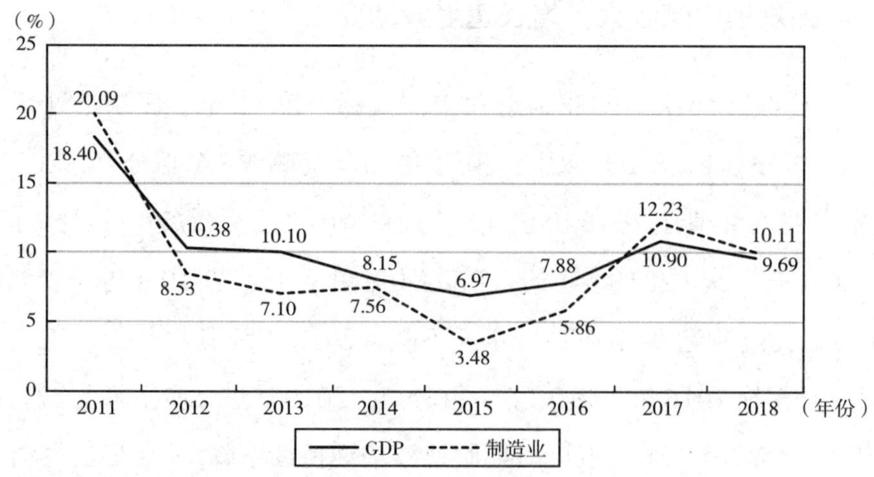

图3–2　我国制造业增加值增速变化（当年价）

资料来源：世界银行。

(二)质量效率有所提升，发展优势逐步转化

进入“十三五”以来，制造业在规模持续扩大的同时，不断淘汰落后过剩产能、加快技术改造升级，发展质量和效率取得显著提升。例如，钢铁行业化解过剩产能超过1.5亿吨，彻底清除了“地条钢”产能，拥有世界上最先进的冶炼、轧制设备，钢材品种质量大幅提升；有色金属工业落后的自焙槽电解铝生产工艺全部淘汰，中厚板高端航空铝材、高铁用铝材国产化取得重大突破。从生产方式来看，工业化和信息化融合不断加深，制造业数字化网络化智能化水平持续提升。目前，大规模个性化定制在服装、家具等行业加快推广，协同研发制造在汽车、航空、航天等高端制造领域加速兴起，工业互联网广泛应用于石油、石化、钢铁、家电、服装、机械、能源等行业。截至2018年6月，开展网络化协同、服务型制造、个性化定制的企业比例分别达33.7%、24.7%、7.6%；截至2018年9月，企业数字化研发设计工具普及率和关键工序数控化率分别达到67.8%和48.5%；国内具有一定行业和区域影响力的工业互联网平台总数超过50家，重点平台平均连接的设备数量达到59万台。

与此同时，以要素数量规模为核心的产业优势逐渐消退，科技创新对制造业转型发展的支撑作用不断增强。当前，我国传统要素优势格局正在发生重大变化，一是劳动、土地、资源等一般性要素成本刚性上涨，特别是我国进入劳动年龄人口供给减少、年龄结构加速老化的复杂时期，以往支撑产业发展的要素数量、规模、成本等优势逐步消退。例如，2016—2018年我国城镇就业人员平均工资增速延续高于GDP增速的变化趋势（见表3-1）。目前，越南等东南亚地区的劳动力月工资只有1000元左右，仅为我国东南沿海地区的1/3—1/5。二是我国开展研究开发投入的资金和人力持续增长，科技创新

能力显著提升，一批重大科技创新成果竞相涌现，已经成为具有重要影响力的科技大国。随着工业机器人、新一代信息技术、3D打印等新技术加速渗透，新技术对传统要素的替代步伐持续加快，柔性制造、智能制造、离散制造、共享制造等新型制造方式快速兴起，传统的制造业发展模式和路径正在快速重构（见表3–2）。

表3–1　我国城镇单位就业人员工资增速比较　单位：%

年份	国内生产总值增速	城镇单位就业人员平均工资增速
2012	7.9	11.89
2013	7.8	10.08
2014	7.3	9.47
2015	6.9	10.06
2016	6.7	8.93
2017	6.8	9.99
2018	6.6	10.96

资料来源：根据国家统计局相关数据计算而得。

表3–2　支撑实体经济发展的要素供给数量规模变化

要素维度	具体指标	2000年	2005年	2010年	2015年	2017年
人力资源	劳动力总数(千万)	73485	76636	77996	78707	78674
	普通高等学校毕业生数(万人)	94.98	306.80	575.42	680.89	735.83
	高等院校入学率（%）	7.59	19.09	24.20	46.04	49.07
科技创新	研发支出占比（%）	0.9	1.31	1.71	2.07	2.13
	R&D研究人员（每百万人）	539	841	885	1151	1225
	发明专利申请量(万件)	5.19	17.33	39.12	110.19	138.2
	三方专利申请量（件）	87	519	1425	2889	—

资料来源：世界银行、OECD数据库。

（三）产业结构调整加速，虚拟高度化特征明显

目前，我国拥有41个工业大类、207个中类、666个小类，形成全球产业门类最为齐全的现代工业体系。分大类来看，消费品工业占比下降明显；原材料工业占比长期稳定；装备工业占比显著提升，成为优化制造业结构的关键变量。相比2015年，2018年消费品工业主营业务收入占比从25.18%下降至21.48%，减少3.70个百分点，原材料工业占比从35.80%增加至37.15%，提高1.35个百分点，装备工业占比从38.27%增长至40.63%，提高2.37个百分点（见表3–3）。从细分行业来看，高技术产业和战略性新兴产业加速成长，航空航天、电子通信、医疗仪器、新能源、新材料等产业发展动能不断增强，增长贡献不断扩大。2017年，规模以上高技术制造业实现主营业务收入15.9万亿元，占规模以上工业的比重达到14.06%，比2015年提高1.45个百分点（见图3–3）。2018年，高技术制造业增加值比上年增长11.7%，增速快于规模以上工业5.5个百分点，占规模以上工业增加值比重为13.9%，2019年进一步增加至14.4%。

表3–3 制造业主营业务收入结构变化 单位：%

主营业务	2015年	2016年	2017年	2018年
消费品工业	25.18	25.10	23.49	21.48
原材料工业	35.80	35.09	35.86	37.15
装备工业	38.27	39.04	39.90	40.63

资料来源：根据国家统计局数据计算而得。

我国产业体系存在结构高级化不到位、合理化不彻底的问题，最突出的表现就是传统的劳动密集型产业和能源原材料产业在经济中的占比依然偏高，高端制造业在经济中的占比偏低、对经济增长的支撑带动作用不够。2018年，

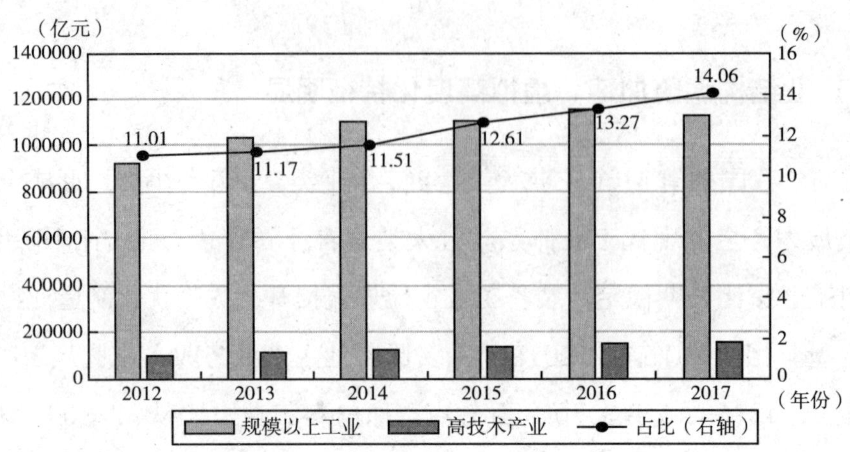

图3-3　我国高技术产业占规模以上工业主营业务收入比例变化

资料来源：根据国家统计局数据整理计算而得。

我国主营业务收入规模最大的10个制造业行业中，原材料行业有5个，分别是化学原料和化学制品制造业、黑色金属冶炼和压延加工业、有色金属冶炼和压延加工业、非金属矿物制品业和石油、煤炭及其他燃料加工业；劳动密集型行业有1个，是农副食品加工业。对比之下，高新技术产业并不占优，即使是一些占比较高的高技术产业，如汽车制造业、计算机、通信和其他电子设备制造业等，也多是产品技术含量和附加值不高，或者是在进口关键零部件的基础上进行加工组装生产。从产业内结构看，大量的产业低水平重复建设严重，一般性的低端产品占比较高、供给过剩，高品质的高附加值产品占比较低、依赖进口，在重大关键装备和重要原材料领域表现得非常突出，“卡脖子”问题较为严重甚至给产业安全带来一定风险。

（四）创新追赶成效显著，技术重合竞争更激烈

随着创新驱动战略的深入实施，我国制造业研发投入不断增加，创新能力显著增强，成为支撑制造业转型升级的重要动力。2019年，规模以上工业

R＆D经费支出13971亿元，研发投入强度（R＆D经费支出与主营业务收入之比）提升至1.32%；2017年，规模以上工业有效发明专利数93.4万件，成为第二大国际专利申请国。从具体行业来看，铁路、船舶、航空航天和其他运输设备制造业、医药制造业、计算机、通信和其他电子设备制造业、专用设备制造业、电气机械和器材制造业研发经费投入强度较高，2017年分别达到2.53%、1.97%、1.89%、1.78%和1.73%（见图3-4）。目前，我国在发电设备、输变电设备、轨道交通设备和通信设备产业等领域技术创新能力已处于全球领先地位。从另一方面来看，随着产业升级步伐加快，我国与发达国家间的垂直互补性减弱，水平竞争性逐步增强，我国企业将越来越多地直面与发达国家跨国公司的激烈竞争。以中美两国为例，中美制造业未来发展的重点领域多数都属于重合竞争产业。对照《先进制造业美国领导力战略》提出的5大着力点15个领域，与我国产业升级的重点领域高度重合。

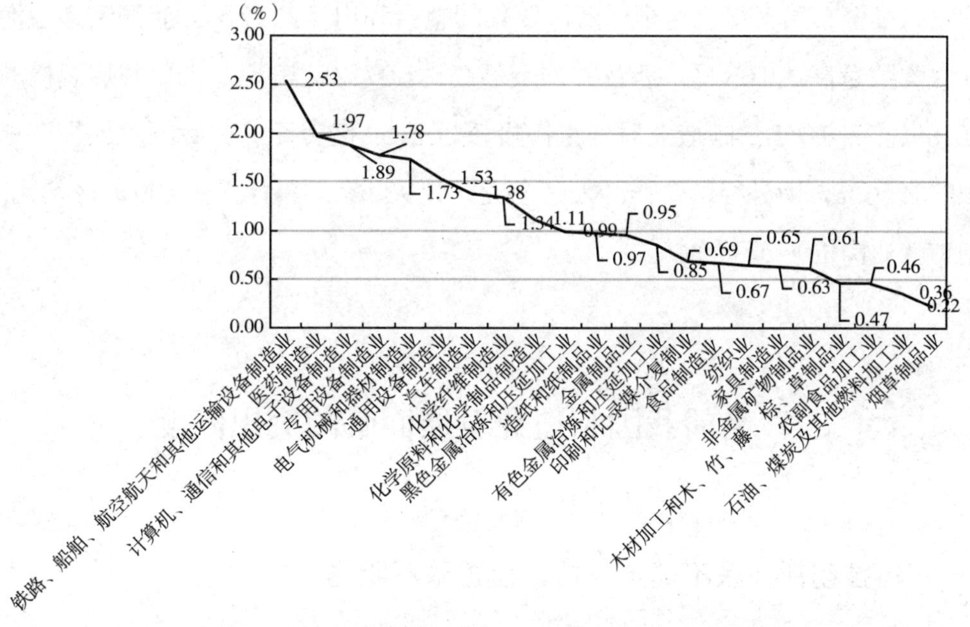

图3-4 2017年制造业各行业研发经费投入强度比较

资料来源：根据国家统计局相关数据计算而得。

（五）国际化水平提高，产业“走出去”步伐加快

随着新一轮高水平对外开放深入推进，依托完备的产业基础和强大的市场优势，我国外资引进质量进一步提高、结构进一步优化，计算机、集成电路、智能制造等高新技术领域成为招商引资的重点。2018年，规模以上外商投资工业企业达2.5万家，吸纳就业人数达931万人，主营业务收入达14万亿元。从出口结构来看，传统劳动密集型产品更新换代加快，出口产品档次质量不断提高，高技术、高附加值产品成为出口的主力构成。2018年机电产品出口9.6万亿元，占我国出口总值的比重接近60%。同时，我国制造业对外投资并购活跃，国际产能合作不断加深，境外经贸合作区建设取得积极进展。在国内低端制造业加快向海外转移的同时，国内先进制造企业为进一步开拓海外市场、获得高端技术及先进管理经验，进一步优化在国外中高端制造业的投资布局、深化对全球资源要素的整合利用。2017年，我国制造业海外并购数量高达163起，涉及并购金额高达607.2亿美元，占总并购规模的50.8%。2018年，制造业对外直接投资202.54亿美元，占我国对外投资总额的15.6%；境外经贸合作区入区企业共计933家，累计投资209.6亿美元，创造就业岗位14.7万个。

二、当前我国制造业发展面临的突出问题

（一）科技创新体系不健全，技术差距依然明显

目前，我国企业的研发主体地位尚未真正确立，科技创新激励机制不完

善，科技成果转化受阻、渠道不畅，知识链、技术链和产业链严重脱节。在世界主要创新型国家中，美国、日本和德国等国家R&D经费投入强度长期保持较高水平，多年在2.5%以上，2018年我国这一比例仅有2.19%，只有韩国（4.23%）的二分之一，也低于日本（3.14%）、德国（2.94%）和美国（2.74%）。从科技人才队伍结构看，高水平创新人才特别是顶尖科技领军人才缺口较大。2016年，我国每百万人R&D研究人员为1206人，只有韩国（7113人）的六分之一，也低于日本（5210人）、德国（4893人）和美国（4313人）（见表3–4）。在世界知识产权组织划分的35个技术领域之中，2017年国内发明专利拥有量高于国外来华发明专利拥有量的领域达30个，但从维持10年以上的发明专利拥有量来看，国内仍在29个技术领域中数量少于国外，高价值的核心专利仍是产业自主发展的关键制约。从代表产业高端化水平的高技术产业技术对外依赖来看，2016年电子及通信设备制造业引进技术经费支出占比为21.89%，其中，通信终端设备制造高达46.42%；医疗仪器设备及仪器仪表制造业引进技术经费支出占比为19.00%，其中，医疗仪器设备及器械制造高达34.77%（见表3–5）。

表3–4　　中国研发投入强度比较（2016年）

	研发支出占GDP的比例（%）	R&D研究人员（每百万人）
高收入国家	2.49	4157.82
中等收入国家	1.59	774.45
中国	2.11	1205.68
韩国	4.23	7113.17
日本	3.14	5209.97
德国	2.94	4893.15
美国	2.74	4313.38

注：数据来自世界银行，高收入国家、中等收入国家、美国R&D研究人员数据为2015年。

表3-5　　2016年高技术行业技术获取和技术改造情况　　单位：万元

高技术行业	引进技术经费支出	消化吸收经费支出	购买境内技术经费支出	技术改造经费支出	引进技术经费占比（%）
医药制造业	46608	32582	181129	934249	3.90
航空、航天器及设备制造业	29697	3776	6364	464799	5.88
电子及通信设备制造业	885742	44506	599137	2516940	21.89
其中，通信终端设备制造	656220	137	528361	228925	46.42
计算机及办公设备制造业	2960	6469	6156	264704	1.06
医疗仪器设备及仪器仪表制造业	66771	4876	18070	261769	19.00
其中，医疗仪器设备及器械制造	39566	699	1643	71882	34.77
信息化学品制造业	349	978	377	74068	0.46
合计	1032126	93187	811233	4516529	15.99

资料来源：《中国高技术产业统计年鉴2017年》。

（二）现代金融发展不平衡，对实体经济支撑不力

我国金融业服务实体经济存在能力较差、效率较低、成本较高等问题。在金融业增加值持续增长的情况下，2016—2018年我国社会融资增量逐年下降，2018年甚至负增长1861亿元，成为金融运行脱离实体经济的真实反映（见图3-5）。这也在一定程度上说明，大部分资金并未有效流入实体企业，而是通过以银行为核心的金融体系流通于包括股票市场、期货市场在内的各资本市场，形成“金融空转”现象，资金脱实向虚现象严重。从金融市场结构来看，我国以银行机构为主导的金融体系和以间接融资渠道主导的金融结构并未得到根本改变。从社会融资结构变化来看，我国目前仍然采用以银行信贷为主导的融资模式，中长期银行信贷在融资途径中占的比重最大，其次是银行短期贷款，债券和股票融资依然处在较低水平。2018年，人民币贷款占社会融资规模的81.37%，再创新高（见图3-6）。事实上，以商业银行为主体、以大型国有保险公司为主的金融体系“风险厌恶”倾向显著，对民营

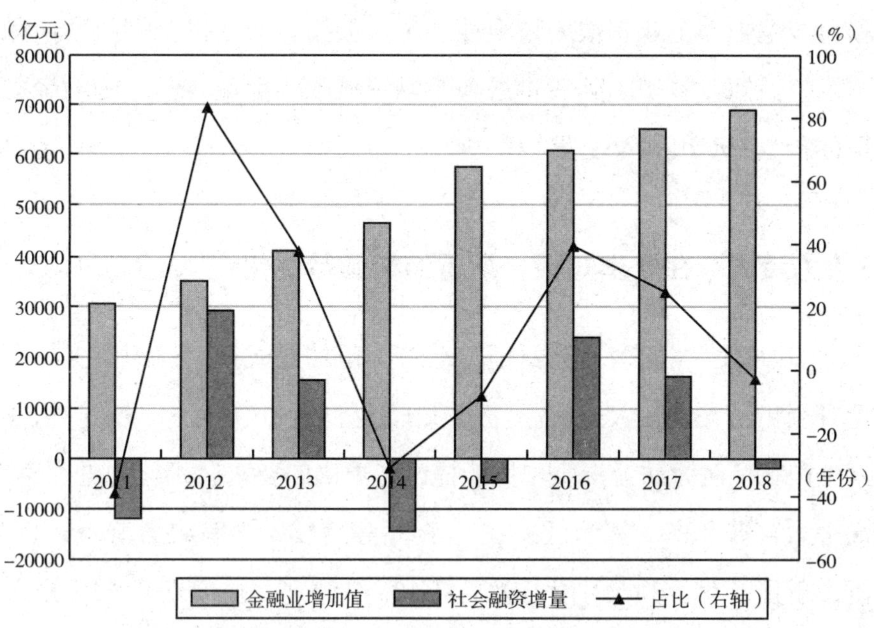

图3-5 我国社会融资增量及占比变化情况

资料来源：国家统计局。

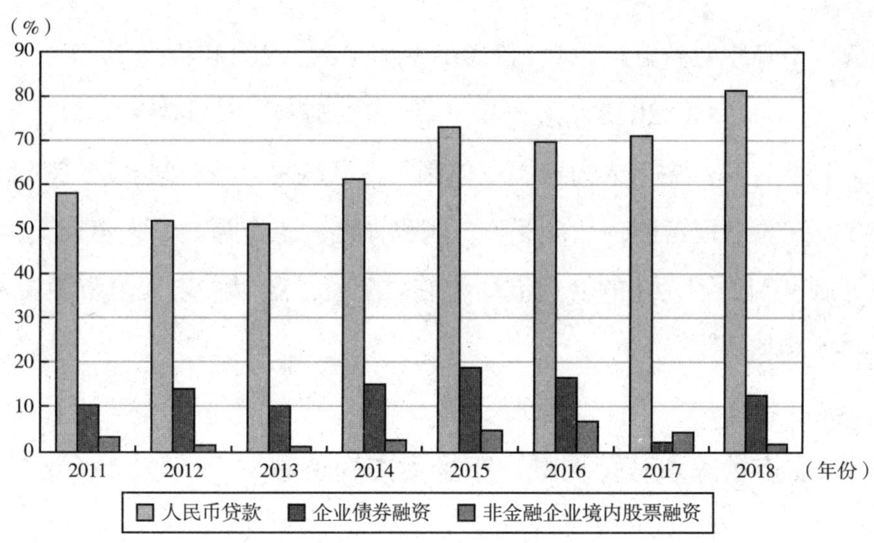

图3-6 我国社会融资结构变化

资料来源：根据国家统计局数据计算而得。

企业和科技型中小企业有很多歧视性规定，创投、天使投资等新型金融机构培育不足，民间资本和国际资本进入金融领域限制重重，国际国内金融要素未能实现有序流动和高效配置。

（三）人力资源存在严重短板，配置结构亟待优化

我国知识型、技能型、创新型劳动者队伍加速成长，但距离支撑产业全面转型升级仍然存在较大差距。随着我国经济增长和产业升级转向依靠提高全要素生产率，对劳动者素质和技能提出了更高的要求。相比先进国家来看，我国高等教育普及率仍然偏低，2017年高等院校入学率约为50%，而2016年美国、韩国、俄罗斯分别为89%、94%和82%。中等职业教育是大规模培养技术技能人才的重要来源，在加工制造、高速铁路、城市轨道交通运输、电子商务、现代物流等快速发展的行业中，新增从业人员有70%来自职业学校。但是，近年来我国中等职业学校招生数和在校生数出现“断崖式”的滑坡现象，中等职业教育招生数/普通高中招生数从2011年的95.66%下降到2016年的73.89%，2018年进一步下降至70.57%，技能型劳动者总量严重不足（见图3-7）。由于人力资源在体制间、区域间、城乡间流动的制度性障碍较多，户籍登记管理、社会保障、职称评定、工资福利、人事档案、身份管理等制度制约了人才的合理流动和有效配置，难以实现人力资源资本化、做到“人尽其才”。

（四）政府市场关系有待理顺，市场活力尚待激发

我国产业发展受到政府和市场双重作用，目前以产业政策为主导的政府干预进入转型调整时期。我国产业政策大致包括追赶型产业政策和创新型产业政策两类。随着经济发展阶段和产业结构变化，我国正在大幅削减具有直

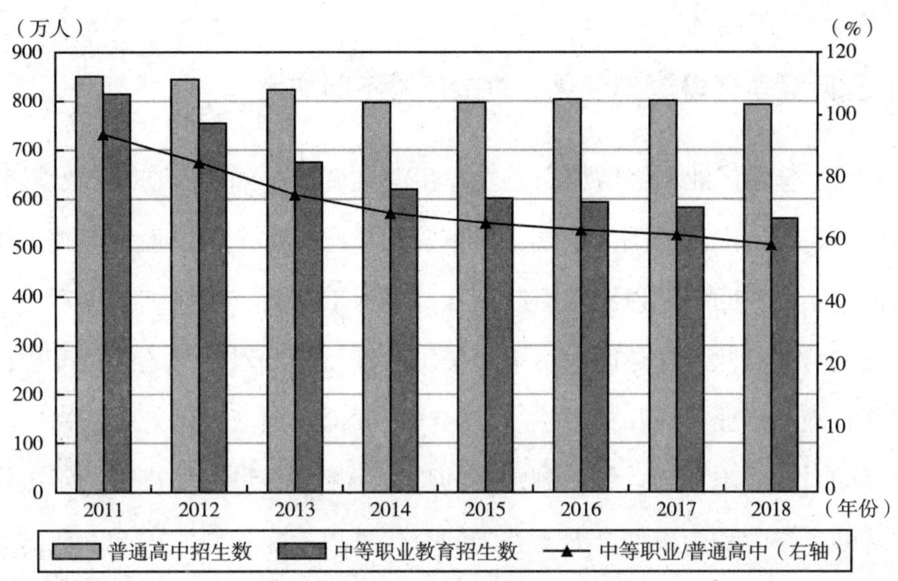

图3-7 我国中等职业教育发展情况

资料来源：国家统计局。

接干预特征、选择性突出的追赶型产业政策，具有间接引导特征、功能性突出的创新型产业政策正在增强。一方面，调整政策以适应创新型产业发展变化需要经过一个过程，为此，政府部门需要把在追赶型产业政策中发挥作用的产业方向和技术路径选择权让渡给产业行动者（主要是企业），转而围绕创新环境营造、要素条件培育、市场推广引导等方面施策。另一方面，近年来民间投资疲弱，甚至出现增速急剧回落的现象，如何营造有利于民营企业发展的制度和市场环境、激发社会资本投资创业的积极性十分关键。当前，民营企业在市场准入方面还存在一些壁垒，妨碍统一市场和公平竞争的规定和做法也不在少数，一些地方还存在产权保护力度不够、政府信用缺失、政策执行落实不到位等问题，导致民营企业家缺乏安全感和方向感。世界银行数据显示，我国创办企业平均需要22.9天，比世界平均多出3天，而美国、日本、德国、韩国分别仅需要5.6天、12.2天、10.5天、4.0天；我国营商便利指数在世界排名第78位，存在很大改进提升的空间。

（五）国际竞争环境深刻变化，挑战风险不断加大

当前，全球产业和经贸格局正在发生深刻调整，围绕制造业的发展竞争更趋激烈。一方面，美国、德国、日本等国早已占据全球价值链高端，正在大力推进制造业回归，以图重振制造业并确保其在新一轮制造业创新发展中的领先优势。为此，发达国家特别是美国频繁发起针对我国的经贸摩擦，以图遏制我国制造业升级和技术进步。另一方面，东南亚、南亚等新兴经济体凭借劳动力低成本优势，纷纷制定鼓励政策，积极引进外国投资、承接国际产业转移，在劳动密集型产业对我国的替代进程不断加深。因此，我国制造业发展面临发达国家高端回流和发展中国家低端分流的“双重挤压”，转型升级难度加大。具体来看，一是美国加征进口关税将影响我国制造产品的国际竞争力，对出口导向型产业造成直接冲击；二是美国等发达国家对我国高科技企业实施制裁，加大对核心零部件、核心装备和核心软件的出口限制，将严重影响我国制造业转型升级步伐；三是部分产业向新兴经济体外迁或向发达经济体回迁，将削弱我国制造业的发展动力甚至破坏国内既有产业发展生态；四是外部摩擦严重影响企业家对宏观经济的发展信心，导致制造业投资的积极性下降。

三、“十四五”时期我国制造业发展的新形势、新要求

当前，我国工业化尚未完成，经济发展潜力仍然很大，在未来较长时期制造业仍将是支撑和带动经济增长的主体力量。“十四五”时期，要素供给条件将深刻变化，市场需求结构将不断升级，我国进入建设制造强国的攻坚

阶段，制造业发展将呈现新趋势、面临新要求。

（一）产业结构高度化特征增强

进入21世纪以来，我国经历了新一轮重化工业快速发展阶段，具体表现在大宗原材料制造业等重化工业规模快速扩张，在制造业中的比重持续上升，成为支撑和带动国民经济增长的重要力量。2018年，我国GDP占世界的15.9%，制造业约占世界的28%，而粗钢、电解铝和水泥等原材料产品产量分别占世界的51.3%、56.7%和55.9%，大大高于GDP和制造业在世界的份额，显然，我国制造业结构重型化程度远高于世界平均水平。近年来，随着我国经济发展水平继续提升，产业结构与市场需求、要素供给的矛盾日益凸显。一方面，钢铁、有色、建材、化工等行业诸多大宗原材料产品市场需求接近或达到峰值拐点，产能过剩矛盾不断加剧，行业增速逐步进入阶段性稳定或下降通道。另一方面，优质、安全产品供给却相对不足，大量高端装备、关键零部件和核心技术还依赖进口，由此导致境外消费、“海淘”购物不断增长，大量国内需求外溢流失。

先行工业化国家发展实践表明，在工业化中后期，制造业增长受到产品需求总量和资源要素供给的约束，规模扩张动力将趋于减弱；只有实现制造业结构将向高加工度和高技术密集度方向升级，才能保持产业持续发展，从而在更高水平上实现产业供需结构再平衡。具体体现在一般性大宗产品制造业比重趋于下降，而附加值较高的装备制造业和高技术产业比重逐步提升。日本和韩国在20世纪的重化工业化深化时期，均经历过产业结构高度化的过程。1955年，日本加工制造业占制造业的比重为20%，到1970年提高到40%，到1995年达到43.7%；1980—1995年，日本高技术和中高技术密集度产业占制造业的比重由39.7%提高到46.2%。韩国亦是如此，

1970—1990年，韩国加工制造业在制造业中的比重由16.7%提高到35.6%；1980—2005年，韩国高技术和中高技术密集型产业占制造业的比重由35%上升至57.3%。

在供需矛盾驱动下，我国制造业结构高度化趋势开始显现，产业加工度和技术密集度有所提高。按照主营业务收入计算，2012—2017年，我国原材料制造业在制造业中的占比由33.8%下降到31.6%，而装备制造业占比由27.6%上升到29%，计算机、通信和其他电子设备制造业占比由8.7%提高到11.7%（见图3-8）。并且在诸多制造行业内部，具有较高附加值和技术含量的中高端产品也不断增加，如原材料产业不断向新材料产业延伸，装备制造业不断向高端装备领域拓展，由此带动制造业整体水平的提升。

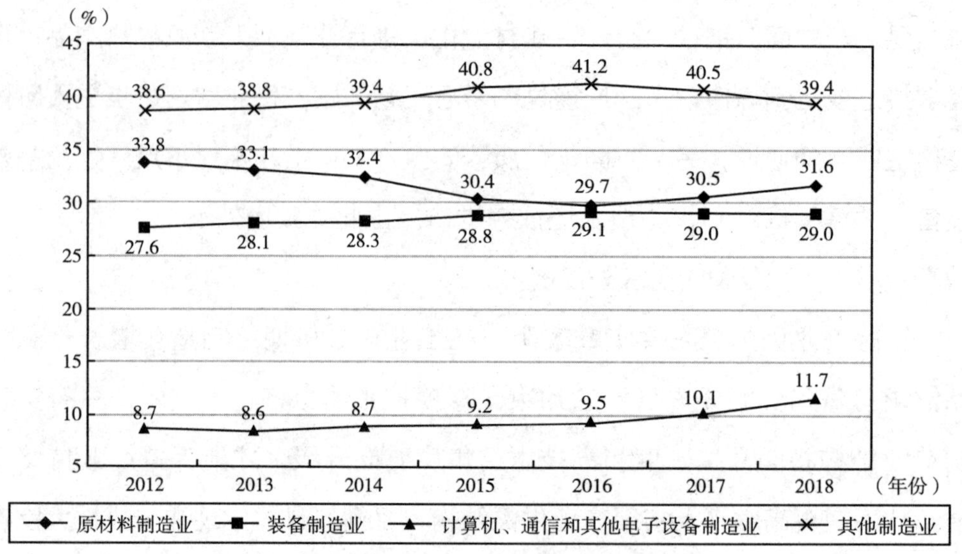

图3-8　我国制造业主营业务收入结构变化

与发达国家相比，我国制造业加工度和技术密集度仍然较低。2018年我国原材料制造业产值在制造业的占比为31.6%，而美国（2016）、德国（2015）和日本（2014）原材料制造业占比分别为22.4%、18.4%和30%。从产品结构看，我国主要以大宗中低端原材料产品为主，多数产品的质量可靠性、稳定性、一致性与发达国家存在较大差距，诸多领域所需的高端和新材料产品供给不足、短板突出。2018年我国装备制造业产值在制造业的占比为29%，而美国（2016）、德国（2015）和日本（2014）装备制造业占比分别为36.7%、51.7%和39.5%（见表3–6）。尤其是诸多高端装备仍然严重依赖国外供应，国内用户长期支付高昂价格且受制于人。虽然，目前我国电子信息产品制造业在制造业的占比高于美国、德国、日本等国家，但我国多数企业以中低端产品制造和加工组装环节为主，质量品牌水平不高，技术创新能力总体偏弱。

表3–6　中国和部分国家制造业产值结构比较　　单位：%

	原材料制造	装备制造	电子信息产品制造	其他制造
中国（2018）	31.6	29.0	11.7	39.4
美国（2016）	22.4	36.7	7.0	40.9
德国（2015）	18.4	51.7	4.5	29.9
日本（2014）	30.0	39.5	6.5	30.5

资料来源：中国国家统计局；OECD数据库。

注：中国数据按照国家统计局行业分类标准。其中，原材料制造包括石油、煤炭及其他燃料加工、化学原料和化学制品制造、化学纤维制造、非金属矿物制品业、黑色金属冶炼和压延加工、有色金属冶炼和压延加工；装备制造包括金属制品、通用设备制造、专用设备制造、汽车制造、铁路、船舶、航空航天和其他运输设备制造、电气机械和器材制造、仪器仪表制造、金属制品、机械和设备修理业。美国、德国、日本的数据按照OECD行业分类标准，其中，原材料制造包括化工原料及化工制品、基本金属、炼焦和炼油制品、其他非金属矿物制品。装备制造包括机动车、轨道交通和半轨道交通设备、机械和设备、金属制品、电气设备、其他交通装备、机械和设备修理安装。

从具体行业构成看，2018年，我国制造业占比最大的10个行业中有5个属于大宗原材料产业，其中，化学原料和化学制品制造业、黑色金属冶炼和压延加工业产值排名第3位和第4位，有色金属冶炼和压延加工业、非金属矿物制品业和石油、煤炭及其他燃料加工业产值排名第6位、第7位和第8

位，5个大宗原材料产业合计占比30.9%。比较之下，美国（2016年）制造业产值排名前10个行业有2个属于大宗原材料产业，即化工和化学制品、焦炭和炼油制品，合计占比16.5%；德国（2015年）制造业产值排名前10个行业有3个属于大宗原材料产业，即化工和化学制品、基本金属、焦炭和炼油制品，合计占比16%；日本（2014年）制造业产值排名前10个行业有3个属于大宗原材料产业，即基本金属、焦炭和炼油制品、化工和化学制品，合计占比27.9%（见表3–7）。

表3–7　　中国、美国、德国、日本制造业结构比较

排序	中国（2018年）		美国（2016年）		德国（2015年）		日本（2014年）	
	行业	占比%	行业	占比%	行业	占比%	行业	占比%
	制造业	100.0	制造业	100.0	制造业	100.0	制造业	100.0
1	计算机、通信和其他电子设备制造业	11.6	食品制造业	13.5	机动车，轨道和半轨道交通工具	21.1	机动车，轨道和半轨道交通工具	15.6
2	汽车制造业	9.0	机动车，轨道和半轨道交通工具	11.9	机械装备制造	13.5	基本金属	13.1
3	化学原料和化学制品制造业	7.7	化工和化学制品	9.2	食品制造业	8.0	机械装备制造	10.6
4	黑色金属冶炼和压延加工业	7.2	焦炭和炼油制品	7.3	化工和化学制品	7.6	食品制造业	8.3
5	电气机械和器材制造业	6.9	计算机，电子和光学制品	7.0	除机械装备之外的金属加工制品	6.9	焦炭和炼油制品	7.6
6	有色金属冶炼和压延加工业	5.6	除机械装备之外的金属加工制品	6.5	电气装备	5.6	化工和化学制品	7.2
7	非金属矿物制品业	5.3	机械装备制造	6.4	基本金属	5.4	计算机，电子和光学制品	6.5

续表

排序	中国（2018年）		美国（2016年）		德国（2015年）		日本（2014年）	
	行业	占比%	行业	占比%	行业	占比%	行业	占比%
	制造业	100.0	制造业	100.0	制造业	100.0	制造业	100.0
8	石油、煤炭及其他燃料加工业	5.1	其他交通装备制造	5.6	计算机，电子和光学制品	4.5	电气装备	5.9
9	农副食品加工业	5.1	原料药和药品制剂	5.0	橡胶和塑料制品	4.3	橡胶和塑料制品	4.1
10	通用设备制造业	4.1	橡胶和塑料制品	4.1	焦炭和炼油制品	3.0	除机械装备之外的金属加工制品	3.6
	TOP10行业合计	67.7	TOP10行业合计	76.6	TOP10行业合计	80.0	TOP10行业合计	82.6

资料来源：中国数据来源于中国国家统计局；美国、德国、日本数据来源于OECD数据库。

注：行业占比是指行业产值占制造业全部产值比重。

“十四五”时期，在供需结构性矛盾的作用下，我国制造业结构将继续向高度化迈进，产业加工度和技术密集度将进一步上升，装备制造业和高新技术产业地位将进一步提高。但也要看到，受中美贸易摩擦、上游能源原材料价格上涨等因素影响，产业结构高度化的难度正在不断增加，对产业要素供给和政策生态提出了更高要求。

（二）产业链条高级化面临突破

长期以来，我国依托低成本劳动力和土地等要素资源优势，众多制造企业快速融入全球产业分工体系，在纺织服装、电子信息产品制造、装备制造等诸多行业逐步积累了规模数量优势，构成了多层次、开放式的产业链条。但总体而言，目前我国多数企业分布在国际产业链的中低端位置，主要承担制造业的加工组装环节和一般产品的配套供应，关键核心技术和复杂零部件生产更多依赖中国大陆以外的企业。以苹果智能手机全球产业链为例，尽管手机组装以及手机外壳、小型零部件、连接器、音频设备、天线、马达等多个配套产品制造环节在中国大陆完成，但来自美国、日本、韩国、中国台湾等地的企业主导了其核心关键环节和多数配套产品的供应，仅有少数中国大陆企业直接参与了部分产品配套，如瑞声科技(AAC)参与了音频设备和马达产品配套，歌尔股份公司(Goertek) 参与了马达产品配套（见表3–8）。可见，在苹果全球产业链中，我国主要提供了低成本劳动力、土地等附加值较低的生产要素，而附加值较高的资本、企业家和技术等要素则主要由外方提供，由此导致本土产业价值增值能力较弱，产业自控能力和根植性不强。

表3–8　　苹果智能手机全球产业链分工构成

产业环节	生产地点	供应商来源	公司
手机外壳	中国大陆	中国台湾，美国	鸿海，Catcher，Jabil
显示器	韩国，日本	韩国，日本	LGD，JDI，Sharp，Samsung
控制器	中国台湾	美国	Apple，Qualcomm
相机	韩国，日本，中国台湾	中国台湾，韩国，日本	LGInnotek，Sony，Alps，Largan，Genius
内存	韩国，美国，日本，中国台湾，中国大陆	韩国，美国	Samsung，Hynix，Micron(Inotera，Elpida)
闪存	韩国，美国，日本，新加坡，中国大陆	韩国，美国，日本	Samsung，Hynix，Micron，Toshiba，WD，Intel
蜂窝	中国台湾	美国	Qualcomm，Intel
传感器	中国台湾，欧洲	美国	Invensense，STMicro，etc
印刷线路板	中国大陆	中国台湾	ZDT，Flexium
通信系统	中国台湾	美国	Broadcom
小型零部件	中国大陆	中国台湾	鸿海
连接器	中国大陆	中国台湾	鸿海，Luxshare，Bizlink

续表

产业环节	生产地点	供应商来源	公司
音频设备	中国大陆	中国大陆	瑞声科技(AAC),歌尔股份公司(Goertek)
天线	中国大陆	美国，中国台湾	Amphenol，Molex，Luxshare
马达	中国大陆，日本	中国大陆，日本	瑞声科技(AAC)，Nidec
组装	中国大陆	中国台湾	鸿海，Pegatron，Wistron

资料来源：Golaman Sarhs Global Investment Research.

当前国际产业竞争版图面临战略性调整，一方面，发达国家对我国产业链升级的压制效应日趋增大。近年来，美国、欧洲等发达经济体纷纷实行再工业化战略，力求重新强化制造业竞争优势。尤其是美国，多管齐下不断挑起贸易争端，通过贸易保护主义政策维护其国内市场，全方位采取极限施压政策，凭借技术优势在高端制造领域设置门槛、加强封锁，收缩中高技术制造业对外投资活动。欧美再工业化重心主要集中在高端制造和新兴产业领域，这与我国未来制造业升级方向高度吻合。另一方面，东盟等新兴经济体追赶步伐逐步加快，凭借更低的劳动力和要素资源成本，并可能借势中美之间高筑贸易和投资壁垒的特殊时机，积极吸引跨国公司以及我国制造企业进行产业转移，从而对我国传统优势型制造业产生越来越显著的挤占效应。

近年来，在发达国家挤压和发展中国家追赶的双面夹击下，我国产业链外迁趋势开始显现。例如，韩国三星集团在中国大陆的电子产品制造基地已陆续迁往越南等国。在美国对华加征关税后，一些美国品牌商和客户要求中国供应商将生产基地转移至东南亚国家，甚至要求企业给出转移时间表，否则将失去新产品开发权和新的订单。根据广东省外经贸监测系统显示，2019年1月份计划外迁越南的企业由2018年上半年的13家增加到34家。东莞市3000家外贸企业中有1300多家涉及对美出口，有12.3%的企业计划将涉美订单转移至东南亚、墨西哥等生产基地。此外，一些国内企业为贴近需求市场、降低贸易成本，也将对美贸易生产线转移至美国工厂，如福耀玻璃、大疆无人机、三角轮胎、唯美陶瓷等。

“十四五”时期，在追赶与被追赶的洪流与夹缝中，我国制造业发展面临不进则退的重要关口，产业链条高级化成为必然选择。为此，需要提升产业要素素质，优化要素供给结构，增强产业链协同性，提升产业链分工水平。

（三）产业模式智能化转型有望加速

近年来，以新一代信息技术为基础、以数据为核心投入要素、以智能制造为主要方向、以范围经济为主要效率源泉的产业新变革快速兴起，推动全球制造业向数字化、网络化、智能化转型升级，并对产业发展和分工格局带来深刻影响。为抢占国际制造业竞争制高点，各主要工业强国纷纷在制造业智能化领域抢滩布局。2011年，美国开始实施AMP（先进制造伙伴）计划，意在将因特网、软件等ICT领域的突出优势，与工业领域的工艺、材料、先进制造技术等优势相结合，让制造业回归美国，重塑美国制造的全球领先优势。2012年，美国GE公司首次提出“工业互联网”概念，提议建立IIC（工业互联网联盟），力图让工业企业和IT企业跨界联手，探索工业智能化发展新路径。2013年，德国正式提出工业4.0战略，强调制造业智能化转型，通过在制造领域广泛应用先进信息通信技术，实现信息集成整合、互联互通与智能化生产。2016年，日本借鉴德国、美国产业智能化经验，结合自身以人为本的精益思想，提出了适合日本国情的“工业价值链”战略。与其相应，世界各国对信息通信技术领域的投资持续增加，主要制造业国家的ICT（信息通信技术）资本增长明显快于其他资本增速。2008—2017年，美国ICT资本年均增长7.5%，非ICT资本年均增长仅为1.6%；德国ICT资本年均增长6.4%，非ICT资本年均增长仅为0.7%；日本ICT资本年均增长4.2%，非

ICT资本年均下降了0.5%；韩国ICT资本年均增长5.9%，非ICT资本年均增长4.0%。由此，ICT日益成为驱动各国制造业规模增长和效率提升的重要因素（见表3-9）。

表3-9 2008—2017年美德日韩总资本、ICT资本和非ICT资本增长速度 单位：%

年份	美国			德国			日本			韩国		
	总资本	ICT资本	非ICT资本	总资本	ICT资本	非ICT资本	总资本	ICT资本	非ICT资本	总资本	ICT资本	非ICT资本
2008	3.8	9.5	2.5	2.2	8.5	1.4	0.9	6.6	-0.1	4.6	5.7	4.5
2009	2.2	7.4	1.1	0.8	5.1	0.3	-1.0	1.9	-1.4	3.9	3.7	4.0
2010	2.3	7.3	1.2	1.2	6.0	0.6	-0.7	4.3	-1.5	4.6	4.2	4.6
2011	2.4	7.4	1.4	1.5	7.7	0.8	-0.5	3.7	-1.2	4.7	7.5	4.4
2012	2.7	8.2	1.6	1.1	5.2	0.6	0.1	4.9	-0.7	4.4	7.4	4.1
2013	2.7	7.9	1.6	0.9	5.3	0.4	0.3	5.2	-0.4	4.1	7.1	3.8
2014	2.7	7.2	1.8	1.1	5.4	0.6	0.6	4.4	0.1	4.1	6.5	3.8
2015	2.5	6.3	1.7	1.4	7.7	0.7	0.9	4.8	0.3	4.0	6.4	3.7
2016	2.4	6.4	1.5	1.5	6.9	0.9	0.5	3.4	0.1	3.8	5.8	3.6
2017	2.6	7.6	1.6	1.5	5.8	1.0	0.7	3.2	0.3	4.0	5.0	3.9
2008—2017年均增长	2.6	7.5	1.6	1.3	6.4	0.7	0.2	4.2	-0.5	4.2	5.9	4.0

资料来源：OECD数据库。

顺应产业变革新趋势，我国制造业数字化、网络化、智能化步伐也不断加快，制造业和新一代信息技术开始双向融合。一方面，制造企业主动实践基于工业互联网的新型生产方式，智能制造装备和先进工艺在重点行业不断普及，离散型行业制造装备的数字化、网络化、智能化步伐加快，流程型行业过程控制和制造执行系统全面普及，关键工艺流程数控化率大大提高。另一方面，一些互联网企业加快向制造业设计、服务等领域拓展，部分基础电信企业、软件服务企业则加大了为工业企业提供综合解决方案的力度。总体来看，目前我国制造业智能化转型仍处于初级阶段，机械化、电气化、自动化、数字化多种模式并存，地区、行业、企业间发展很不平衡。智能制造的关键共性技术和核心装备的自主性不强，智能制造标准/软件/网络/信息安全基础薄弱，智能制造新模式成熟度不高，系统整体解决方案供给能力不足，缺乏国际性的行业巨头企业。

“十四五”时期，产业智能化转型有望加速。随着我国人口老龄化趋势加剧，制造业发展将面临的劳动力供给形势更加紧张，劳动力成本将持续上升，由此对提升制造业发展效率提出更高要求。随着5G、人工智能、大数据、物联网等新技术的进一步突破，智能制造、互联网+、数字经济将迎来创新发展浪潮，对未来我国制造业发展产生全方位、深层次、革命性的影响。一方面，产业智能化将加速传统制造业转型升级，新一代信息通信技术将渗透贯穿于设计、生产、管理、服务等各个环节，通过跨设备、跨系统、跨产区、跨地区的全面互联互通，各种产业要素资源有望实现更广泛、更高效、更精准的优化配置。另一方面，产业智能化将不断增强各环节自感知、自学习、自决策、自执行、自适应功能，加速创新方式、生产模式、组织形式和商业方式的深刻变革，催生智能化生产、网络化协同、服务化延伸、个性化定制的诸多新模式、新业态、新产业。

（四）产业效益绿色化水平继续提升

长期以来，我国制造业发展方式较为粗放，高能耗、高污染和低端产业、落后产能比重较大，导致资源环境代价偏高，安全生产事故多发，浪费了大量宝贵要素和稀缺资源，给人民生活质量和生态环境带来很大负面影响，可持续发展受到严峻挑战。当前，我国能源资源消耗和污染排放总量已相当可观，大宗资源性产品对外依存度持续提高，水体、土壤和大气的累积性环境污染不断显现。资源与环境问题是人类面临的共同挑战，近年来国际上控制温室气体排放总量成为大势所趋，推动绿色增长、实施绿色新政是全球主要经济体的共同选择，社会各界对生态环境、生产生活环境要求越来越高，“绿水青山就是金山银山”理念深入人心，传统发展路径难以为继，坚持走绿色安全发展之路、加快实现人与自然和谐成为必然选择和迫切任务。

近年来，绿色发展理念成为普遍要求，节能减排成为制造业转方式、调结构的重要抓手，国家环保标准日益提高，环保执法日趋严格，各级政府大力推进技术改造，推广节能环保新技术、新装备和新产品，引导和倒逼制造企业向资源节约型、环境友好型方向升级发展，制造业能效和水效大幅提升，污染物排放强度显著下降，绿色化产业体系逐步形成。在制造业绿色化升级的作用下，我国废水、废气的主要污染物排放量开始呈现明显减少趋势。2012—2017年，我国废水排放总量中，化学需氧量从2424万吨减少到1022万吨，氨氮量从253.6万吨减少到139.5万吨；废气排放总量中，二氧化硫从2118万吨减少到875.4万吨，氮氧化物从2337.8万吨减少到1258.8万吨，烟(粉)尘从1235.8万吨减少到796.3万吨（见表3-10）。

表3-10 近年来我国部分废水、废气的污染物排放情况 单位：万吨

年份	废水排放		废气排放		
	化学需氧量	氨氮	二氧化硫	氮氧化物	烟(粉)尘
2010	1238.1	120.3	2185.0		
2011	2499.9	260.4	2217.9	2404.3	1278.8
2012	2424.0	253.6	2118.0	2337.8	1235.8
2013	2352.7	245.7	2043.9	2227.4	1278.1
2014	2294.6	238.5	1974.4	2078.0	1740.8
2015	2223.5	229.9	1859.1	1851.0	1538.0
2016	1046.5	141.8	1102.9	1394.3	1010.7
2017	1022.0	139.5	875.4	1258.8	796.3

资料来源：国家统计局。

尽管取得明显进步，但我国制造业绿色化水平与国际先进水平仍然存在明显差距。目前，我国制造业资源能源利用效率、主要污染物排放强度远高于美国、德国、日本和韩国等主要制造业国家。2014年，我国每一美元（2010不变价）GDP的二氧化碳排放量为1.24千克，而世界平均仅为0.49千克，美国、德国、日本和韩国分别为0.32千克、0.2千克、0.21千克和0.48千克。2017年，我国自然资源租金总额占GDP的比重为1.5%，而美国、德国、日本和韩国分别为0.47%、0.07%、0.03%和0.03%（见表3-11）。显然，未来我国产业绿色化发展仍然任重道远。

表3-11　　中国与世界部分国家二氧化碳排放强度和自然资源租金占比

国家（地区）		二氧化碳排放量（千克/2010年美元GDP）（2014年）	自然资源租金总额占GDP%（2017年）
中国		1.24	1.50
世界		0.49	2.15
发达国家	美国	0.32	0.47
	德国	0.20	0.07
	日本	0.21	0.03
	韩国	0.48	0.03
金砖国家	巴西	0.22	3.53
	印度	1.05	2.14
	俄罗斯	1.01	10.70
	南非	1.18	5.14

资料来源：世界银行数据库。

“十四五”时期，我国制造业发展面临的资源环保形势依然严峻，提升绿色化发展水平仍处于攻坚阶段，继续促进产业效益绿色化，既是推进生态文明建设、打赢污染防治攻坚战的有力支撑，也是培育绿色发展新动能、实现高质量发展的重要内容。未来，在政策和市场共同作用下，制造业能源资源利用效率、清洁生产水平有望进一步提升，绿色制造产业将加快发展成为经济增长新引擎，绿色产品和服务有效供给不断增加，科技含量高、资源消耗低、环境污染少的绿色制造体系将逐步形成并不断完善。

（五）制造服务融合化向纵深拓展

近年来，我国先进制造业和现代服务业融合发展处在快速推进之中，不同行业、不同企业结合自身特点探索实践取得了积极进展，涌现了一些融合发展领军企业和典型路径模式，融合发展效应开始逐步显现，成为经济转型升级的重要内容和突出亮点。在装备制造领域，上海电气、陕鼓集团等通过“技术+管理+服务”模式积极发展装备增值服务，加快向整体解决方案供应商转型。在消费品领域，海尔集团、酷特集团等大力发展个性化定制和全程服务，实现生产流程再造以及与客户的紧密互动。在互联网平台领域，阿里巴巴“淘工厂”、网易严选等电商积极探索原始设计制造商（ODM）模式，实现了设计与制造、生产与消费的无缝对接。实践表明，许多企业和行业通过走先进制造业和现代服务业融合发展道路，焕发了增长新机、释放了增长潜力、推进了动能转换、重塑了竞争优势。

总体来看，我国先进制造业和现代服务业融合发展仍然存在范围不够广、程度不够深、水平不够高等问题。行业龙头、骨干企业融合发展初见成效，但量大面广的中小企业鲜有突破；装备制造、家电等行业融合发展起步较早，其他行业发展相对滞后。一些领域融合发展主要沿袭模仿发达国家、跨国企业的既有模式，创新性不够，不能很好地适应客户需求和市场变化。从更深层次来看，两业融合发展在认识上还不到位，有的认为两业融合发展就是发展生产性服务业，有的简单等同于企业主辅分离和多元化，或者就制造谈制造、就服务谈服务；在发展路径上还存在惯性依赖，由于国内企业在国际分工体系中长期锁定在加工组装环节，向高端服务拓展的路径转换风险高、投入大、见效慢，有的企业则习惯于“服务内置化”的封闭式发展路径，改变“大而全”“小而全”的生产经营模式尚需时日；在政策环境上还不完善，如行业资质管理方式滞后、标准不健全、数据不开放等，对企业跨界融合发展造成障碍。

“十四五”及未来一段时期，制造业和服务业融合发展将成为推进产业转型升级、抢占全球供应链价值链制高点的重要路径。随着技术进步，特别是信息科技的高速发展和应用，以信息服务为代表的服务要素深度融入制造业价值链的各个环节，科技革命催生的新产品、新业态使得制造业和服务业的边界愈加模糊。一方面，很多制造业企业开始转型发展服务，向研发设计、产品销售等产业链两端延伸，或者提供成套产品解决方案，推动制造业服务化发展；另一方面，部分服务业企业发挥研发设计、终端客户市场优势开始反向制造，发展品牌规则控制、定制化生产等新的生产组织模式，产生了很多新模式新业态。制造业服务业深度融合有助于优化要素资源配置结构，提高供给体系的质量和效益，进一步改善国民经济循环关系，也有利于提升我国产业链水平，重塑产业竞争新优势，培育持续发展新动能，推动制造业高质量发展。

四、“十四五”时期制造业高质量发展的主要任务

“十四五”时期，我国将坚定迈上制造强国之路，促进制造业高质量发展，重塑竞争新优势，要加速企业优胜劣汰，增强制造企业核心竞争力，培育壮大新兴产业动能，推动制造业与服务业融合发展，加快建设创新引领、协同发展的现代产业体系，构建更加市场化、国际化的内生发展新机制。

（一）促进传统制造业提档升级

一是强化传统制造企业优胜劣汰效应。加大市场体制改革和建设力度，构筑市场化法治化产能调节机制。一方面，健全产业准入标准体系。弱化行政审批的产业准入方式，建立健全产能环保、能耗、安全、质量等产业准入标准体系，推动产业政策由选择性向功能性转变，建立健全地方政府、国有企业的资产负债约束机制，实现对各类不同市场主体一视同仁，建立公开、公平、公正的产业准入管理体制。另一方面，畅通产业退出渠道。针对“僵尸企业”处置中债务处置难、人员安置难等问题，建立以债权人为基础的庭外重组决策与执行机制，建立多渠道、多方式补偿机制，建立信用记录和联合惩戒机制，完善国有资产管理规则，放宽金融机构债务重组与呆坏账减免规则限制，完善破产清算规则，出台金融、财税等支持政策，推动“僵尸企业”市场出清。要完善下岗失业人员就业扶持政策体系，充分利用化解过剩产能专项奖补资金，加大对去产能企业职工安置、转岗、培训再就业的帮扶力度，推动职工就业结构性转移。切实做好下岗失业人员社会保险关系接续和转移。同时，强化法治化市场监管。实施差别电价、惩罚性水价和特别排污费等市场化的方式，提高落后产能的运行成本以达到去化实效。加强环境保护法执法，依法全面调查和处置环保不达标的企业。加强节约能源法执法，依法处置生产工序单位产品能源消耗不达标的企业。加强产品质量执法，严厉打击无证生产等违法行为，建立健全相关产品质量标准体系，依法关停地条钢等工艺装备落后、环保和能耗不达标企业。加强安全生产法执法，及时公布企业安全生产不良记录“黑名单”信息，依法查处不具备安全生产条件的企业。

二是改造提升传统制造业技术工艺水平。实施新一轮技术改造工程，支持传统产业智能化、绿色化改造。推进重大装备首台套应用，鼓励新兴技术与制造业的深度融合，以智能制造为抓手，加快推进人工智能、工业互联网、物联网等新型基础设施建设，促进传统制造业向数字化、网络化、智能化升级。增强制造业技术创新能力，突出企业在技术创新中的主体地位，建立健全鼓励新技术、新产品应用的税收政策体系，鼓励企业加大研发投入，促进新技术、新工艺、新设备、新材料的推广应用，实现高附加值替代进口产品与进口产品间的同等优惠待遇。深入落实质量强国战略，落实企业主体责任，健全质量监管体系，全面提高传统制造业产品质量，大力提升中国制造品牌形象。

（二）支持新产业、新模式加速壮大

一是加速新兴产业创新成长。把握科技和产业革命新趋势，前瞻布局新兴产业领域，促进颠覆性技术创新，抢占未来产业发展先机，把握未来产业发展主动权。适应新产业、新业态、新模式发展需要，加大行政审批改革力度，深化商事制度改革，加快构筑激励创新、鼓励创业的产业生态，加速集聚知识、技术、资金、人才等创新要素，建立包容审慎的监管体制，强化事中事后监管，主要由市场选择新兴产业的技术方向。完善科技成果转化机制，加快完善科技成果、知识产权归属和利益分享机制，提高骨干团队、主要发明人成果转化收益比例，组织实施重大科技成果转化专项，推动新技术新产品示范应用，加速创新产品的研发和规模化发展。开展经营性领域技术入股改革试点。探索建立符合科技成果特点和转化规律的管理新模式，破除制约科技成果转化的制度性障碍，打通科技成果向现实生产力转化的通道。依托新兴产业示范基地和特色产业园区，促进新兴产业集聚化、专业化发展，不断增强产业集群在产业规模、技术水平、创新要素等方面的集聚效应和扩散效应，推动形成若干特色鲜明的新兴产业发展策源地和集聚区。推行新兴产业管理创新，破除传统管理理念方式制约，培育壮大新一代信息技术、生物、节能环保、高端装备、新能源、新材料等新兴产业，及时建立健全相应的监管体制和法律法规，预警预防新兴产业可能的社会风险。

二是推动制造业与服务业深度融合。一方面，积极发展服务型制造。促进制造企业向创意孵化、研发设计、售后服务等产业链两端延伸，建立产品、服务协同盈利新模式。鼓励制造企业向设计咨询、设备制造及采购、施工安装、维护管理等一体化服务总集成总承包商转变。支持领军制造企业“裂变”专业优势，面向全行业提供市场调研、研发设计、工程总包和系统控制等服务。鼓励制造企业优化供应链管理，推动网络化协同制造，积极发展服务外包。推进信息化与工业化深度融合，加快发展智能化服务，提高制造智能化水平。另一方面，推动服务向制造拓展。以产需互动为导向，推动以服务为主导的反向制造。鼓励服务企业开展批量定制服务，推动生产制造环节组织调整和柔性化改造。支持服务企业利用信息、营销渠道、创意等优势，向制造环节拓展业务范围，实现服务产品化发展。发展产品全生命周期管理、网络精准营销和在线支持新型云制造服务，实现创新资源、生产能力和市场需求的智能匹配和高效协同。

（三）建设创新引领、协同发展的现代化产业体系

一是强化科技创新引擎机制。建立激发创新活力、利于成果转移转化的体制机制。强化产业共性技术供给机制。健全需求为导向、企业为主体的产学研一体化创新机制，定期开展企业共性技术需求普查，引导行业和企业的技术发展方向，为科技计划项目设计提供依据。建立联合研发机制，支持建设一批政产学研多方参与的产业共性和关键技术研发机构，抓紧布局国家实

验室，重组国家重点实验室体系，加大对中小企业创新支持力度。探索科技成果转移转化新模式。推动建立领先用户主导的科技创新模式，鼓励各领域行业龙头企业和重大技术应用方建立企业为主导的科研机构，通过联合设计、合作开发等方式推动建立产业技术联盟，发挥领先用户在研发和成果转化中的作用，从根本上打破科技成果转移转化的体制机制障碍。加强知识产权保护和运用，形成有效的创新激励机制，健全知识产权交易市场。提倡国内生产技术商品化，鼓励国内企业间的技术和知识产权贸易，支持企业参与国际专利交换工作。激发科技创新源动力。加快科研机构分类改革，促进应用型科研机构市场化改革，建立自主创新、自负盈亏的企业化应用型科研机构，彻底打通应用型科研机构和企业之间的衔接障碍。政府聚焦基础性科研机构，赋予更大的自主研究权限，下放科研经费使用权限。彻底改变现有以经费管理为主导的管理方式，全面建立以科研成果绩效为导向的新型管理模式。

二是顺畅现代金融服务机制。金融稳则经济稳，但逐利也是金融资本的天性，必须正确处理现代金融自身发展和服务实体经济发展的关系，实现实体经济与现代金融共生共荣。加速金融结构性改革，构建多层次金融服务体系。放宽对外资和民营资本的进入管制，积极发展科技银行、民营银行和外资金融机构，不断拓宽银行信贷、资本市场、风险投资、金融创新等各类金融服务渠道。畅通中小微企业融资渠道。促进私募股权和创投基金发展，进一步推进企业资产证券化。适度降低投资者进入新三板市场交易的资本门槛。助推小额贷款与担保公司等非银行金融机构发展，打破金融资本在地区间的流动壁垒。改革金融监管考核和激励约束机制。建立尽职免责、纠错容错机制，打破民营企业在融资过程中遇到的各种隐形壁垒，保障民营企业和国有企业真正享受同等的金融服务。

三是健全人力资源资本化机制。人力资源是产业发展的根本源泉，人力资源只有转换成人力资本才能更好推动实体经济发展。建立和完善人力资源资本化的激励机制。探索建立科研成果所有权分配机制，保障科研人员成果转化收益权。改革传统人才评价、考核和激励机制，改革职称评定和薪酬管理制度，取消职称评定指标配额制。改革国企领导的身份和薪酬体系，取消保留行政级别前提下的限薪办法。打破人力资源流动的制度性障碍。建立体制内外能进能出、能上能下的人才流动新机制，加速户籍制度改革，推进城乡公共服务均等化，实现人力资源自由流动，大幅提升人力资源配置效率。重塑人才培养与发展的良性机制。加快教育改革，破除社会资本办学的制度性障碍，加快设立一批高水平民办大学、职业技术学校、在职培训机构，强化中等教育阶段的职业化理念和中职教育的通识教育，打通职业教育和学位教育的双向转换通道，改变高考“一考定终身”的弊端。建立高校和职业技术学校专业设置动态调整机制，实现产业结构与人才培养协同共进。

（四）构筑更有活力更加开放的产业发展新机制

一是释放体制改革新活力。推动制造业高质量发展，要把建设制造强国作为我国经济社会发展的长期国策。坚持实体经济主体地位不动摇，强化对实体经济重要性的再认识，形成“尊重实干、崇尚实业、脚踏实地、实业致富”的社会氛围。根本上要依靠体制创新，破解制度性障碍，需要夯实发展根基，提升要素供给质量，优化要素配置结构。要深入推进市场化改革，进一步优化发展软环境，建立健全各类要素市场化发展机制，真正激发创新创业活力。大力弘扬企业家精神，切实加强产权保护，增强企业家发展信心，稳定企业家发展预期，激发民营企业创新创业动力。建立健全激励机制，保障全社会实体经济从业人员的合理回报，加大对违规投机行为和违法所得的惩罚力度，引导全社会行业收入分配机制向有利于实体经济发展的方向调整。

二是开启产业开放合作新格局。面对国际产业竞争格局的战略性调整，亟待对标国际先进规则加快构建开放型产业新体制，以高水平开放推动产业高质量发展。要进一步放宽外资市场准入。加快在全国推广外资企业准入前国民待遇加负面清单管理制度，进一步取消制造业重点领域外资准入限制。构建开放引技引智的新体制。积极构建国际开放实验室、世界产业创新联盟、全球创新网络等，加强国际技术创新战略合作。进一步简化外籍人士居留审批程序，鼓励企业聘用高科技外籍人才，加大对全球优秀人才的引进力度。完善产业“走出去”支持机制。加强政策指导和公共服务，支持建设一批境外合作区、科技园区，提升我国企业的全球化资源配置能力和产业国际分工地位。

参考文献

[1]付保宗、盛朝迅、徐建伟、周劲、任继球：《加快建设实体经济、科技创新、现代金融、人力资源协同发展的产业体系研究》，《宏观经济研究》，2019年第4期。

[2]付保宗等：《中国工业发展的阶段性变化》，经济科学出版社2017年版。

[3]费洪平等：《着力振兴实体经济、壮大制造业政策措施研究》，《中国宏观经济研究院研究报告》，2017年11月。

[4]黄汉权：《建设支撑高质量发展的现代产业体系》，《经济日报》，2018年5月10日。

[5]刘玚、植率、王学龙：《融资规模、融资结构与实体经济发展——基于我国金融供给侧改革研究》，《西南民族大学学报（人文社会科学版）》，2017年第5期。

[6]清华大学、复旦大学：《中国劳动力市场技能缺口研究》，2016年10月。

[7]教育部职业教育与成人教育司：《中等职业教育改革发展的思路与举措》，2017年4月6日。

第四章

“十四五”时期我国服务业高质量发展研究

本章执笔：王佳元　洪群联　刘振中　李子文

内容提要

高质量发展是未来一个时期我国产业发展的必然要求和转型方向。"十三五"以来，我国服务业保持平稳增长势头，贡献和作用不断增长，但与高质量发展要求还有较大差距。2020年初爆发新冠肺炎疫情"黑天鹅"事件，直接冲击交通运输、住宿餐饮、旅游文化等主要服务行业，成为服务业发展最大的不确定因素。"十四五"时期，国内外环境发展变化较大，不确定性和风险因素增多，服务业高质量发展面临挑战。要以服务满意度高、支撑能力强、产出效率高、国际竞争力强"两高两强"为导向，以供给侧结构性改革为主线，以人民美好生活为中心，优化结构、促进融合、鼓励创新、扩大开放，重点在畅通准入路径、规范市场秩序、培育高素质人才、完善质量标准等方面，构建适应服务业高质量发展的制度环境，加速推动我国服务业由规模速度型向质量效益型转变。

推动服务业高质量发展，是深入推进供给侧结构性改革的重要举措，是更好地满足人民日益增长的美好生活需要的主要途径。从服务业发展规律和特点来看，服务业高质量发展主要体现在“两高两强”四个方面：一是服务满意度高，即服务业能够提供满足市场需求的高品质服务产品，特别是生活性服务业能够更好满足人民群众日益增长的美好生活需要，形成高满意度的服务消费体验；二是支撑能力强，即服务业与工农业深度融合、良性互动，充分满足中间服务需求，能够有力支撑产业竞争力和产品附加值提升；三是产出效率高，即服务业资源配置效率高，能够以较少的生产要素投入获得更多的产出，确保我国经济中长期可持续发展；四是国际竞争力强，即服务产品在全球服务贸易中具有较强竞争力，形成一批具有全球知名度和影响力的服务品牌。“十四五”时期，要紧紧抓住新一轮科技革命和产业变革、全球价值链分工体系演变等历史机遇，强化服务业科技创新和业态模式创新，大力推动服务业由规模速度型发展向质量效益型发展转变。

一、“十三五”时期我国服务业发展回顾

“十三五”期间，在宏观经济整体下行和外部形势环境复杂变化的背景下，我国服务业保持平稳较快增长，内部结构持续优化，新动能加速成长壮大，国际竞争力显著增强，为新常态下我国保持“稳中有进”经济主旋

律作出重要贡献，为消费升级趋势下人民日益增长美好生活需要提供重要保障。

（一）服务业发展的主要特征

1.总体规模稳步扩大

“十三五”期间[①]，服务业增加值增速显著高于第二产业和国内生产总值（GDP）[②]，平均增速为7.75%，高于第二产业约1.6个百分点，高于GDP约1个百分点。从更长的时间维度来看，“十二五”初期到“十三五”末第二产业增速下滑幅度约5个百分点，而占据国民经济“半壁江山”的服务业在2013年增速超过第二产业，此后长期领跑三次产业，成为我国能够平稳实现经济“软着陆”和增速换挡的主要原因（见图4–1）。“十二五”和“十三五”期间，第一产业和第二产业从业人数持续下降，服务业领域新产业新业态则吸纳了大量新增就业人口，确保就业形势稳定。据统计，2017年我国数字经济相关就业人数已达到1.71亿人；2018年我国共享经济平台员工数为598万人，带动就业约7500万人。外卖骑手、商户推广运营师、点评达人、“试吃官”等大量服务业新就业岗位和就业形态不断出现，形成了丰富的就业生态[③]。截至2019年底，服务业从业规模达到近3.67亿人，占从业人员总数的比重从“十二五”末的42.4%提高至47.4%，分别比第一、第二产业高22.3个、19.9个百分点（见图4–2）。

① “十三五”期间即指2016年、2017年、2018年、2019年，下同。

② 根据国家统计局国民经济和社会发展统计的一般做法，本文中的国内生产总值、各产业增加值及其占比均按现价计算，增长速度、贡献率均按2015年不变价格计算。

③ 刘冬：《服务业数字化是稳增就业的重要保证》，《北京日报》，2019年7月8日。

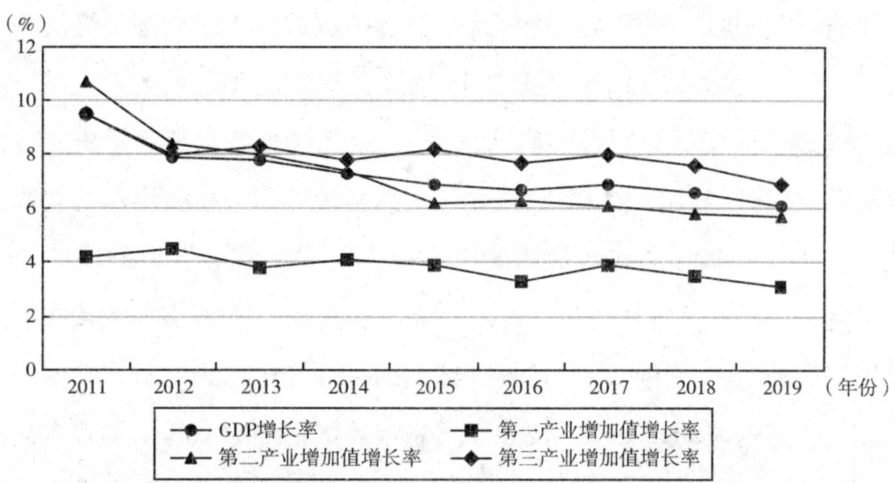

图4-1 “十二五”以来GDP、第二产业和服务业增加值增速

资料来源：国家统计局。

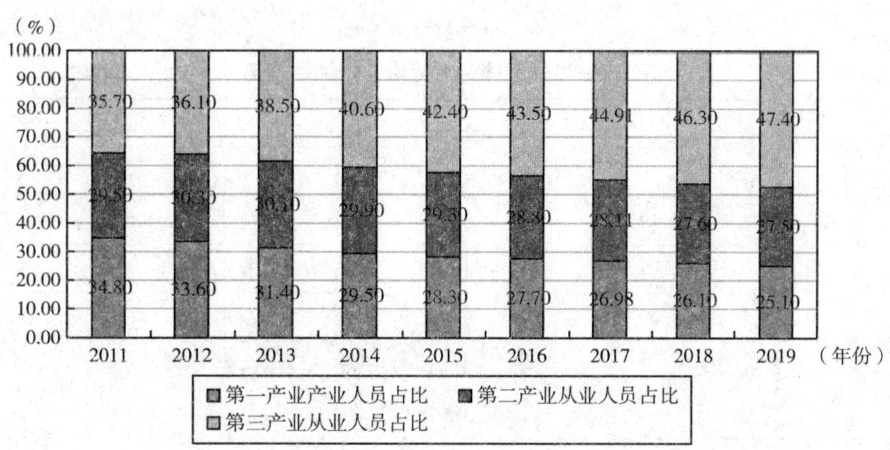

图4-2 “十二五”以来三次产业从业人员占比

资料来源：国家统计局。

2.内部结构持续优化

“十三五”期间，我国服务业产业结构加快优化升级，传统服务业数字化信息化进程加快，新兴服务业不断发展壮大。由于宽带传输、云存储、互联网和移动通信技术等基础信息技术的快速发展，“十三五”期间信息传输、

软件和信息技术服务业增加值增速持续保持两位数水平，居国民经济各行业之首，投资年均增速约10%（见表4–1）。随着制造业进入集约式增长和高质量发展的"下半场"，租赁商务服务、交通运输仓储以及科学研究技术服务等高端现代服务业的市场需求显著扩大，相关部门的投资均保持较快速度增长。在去杠杆和强监管政策影响下，金融业"十三五"期间增速处于低位，投资呈现连续负增长态势，但2019年快速回升。批发零售业和住宿餐饮业受到电子商务的直接冲击，行业内部结构出现变化，固定资产投资增速出现了较大幅度的波动和下滑，反映出大量市场流通活动从线下实体店铺转到线上虚拟平台，批发零售投资和成本结构出现转变。与人民群众生活品质直接相关的文化、体育、娱乐、教育、卫生等部门发展迅速，投资总体保持高速增长，更好满足了人民群众的幸福感、获得感（见表4–2）。

表4–1　2015—2019年服务业分行业增加值增速　单位：%[①②]

年份	2015	2016	2017	2018	2019
服务业	8.2	7.7	8	7.6	6.9
批发和零售业	6.1	7.1	7.4	6.2	5.7
交通运输、仓储和邮政业	4.1	6.6	9.4	8.1	7.1
住宿和餐饮业	6.2	7.4	7.8	6.5	6.3
金融业	16	4.5	4.4	4.4	7.2
房地产业[③]	3.2	8.6	6.6	3.8	3.0
信息传输、软件和信息技术服务业	14.8	18.1	21.8	30.7	18.7
租赁和商务服务业	9.2	11	9.8	8.9	8.7
其他行业	8.2	7.5	7.4	6.3	5.9

资料来源：国家统计局历年统计公报。

① 2015年之后，国家统计局开始公布信息传输、软件和信息技术服务业，租赁和商务服务业两个行业的增加值及增速。

② 其他服务业包含科学研究和技术服务业，水利、环境和公共设施管理业，居民服务、修理和其他服务业，教育，卫生和社会工作，文化、体育和娱乐业，公共管理、社会保障和社会组织共7个门类行业。

③ 房地产业不含房地产开发经营。

表4–2 2015—2019年服务业分行业固定资产投资增速 单位：%

年份	2015	2016	2017	2018	2019
服务业	10.6	10.9	9.5	5.5	6.5
批发和零售业	20.1	–4	–6.3	–21.5	–15.9
交通运输、仓储和邮政业	14.3	9.5	14.8	3.9	3.4
住宿和餐饮业	5.1	–8.6	3.9	–3.4	–1.2
信息传输、软件和信息技术服务业	34.5	14.5	12.8	4	8.6
金融业	0.3	–4.2	–13.3	–13.1	10.4
房地产业	2.5	6.8	3.6	8.3	9.1
租赁和商务服务业	18.6	30.5	14.4	14.2	15.8
科学研究和技术服务业	12.6	17.2	9.4	13.6	17.9
水利、环境和公共设施管理业	20.4	23.3	21.2	3.3	2.9
居民服务、修理和其他服务业	15.5	1.8	2.4	–14.4	–9.1
教育	15.2	20.7	20.2	7.2	17.7
卫生和社会工作	29.7	21.4	18.1	8.4	5.3
文化、体育和娱乐业	8.9	16.4	12.9	21.2	13.9
公共管理、社会保障和社会组织	9.1	4.3	–2	–18	–15.6

资料来源：国家统计局历年统计公报。

3.新业态新模式加速成长

“十三五”期间，服务业业态模式创新呈现蓬勃生机，形成新的经济增长点。根据国家统计局核算，2019年新产业、新业态、新商业模式“三新”经济中第三产业增加值为84799亿元，占第三产业比重为15.9%，占GDP比重为8.6%。

数字经济全面繁荣，推动社会生产和消费进入数字互联时代。“十三五”期间，生产、流通和企业组织等经济活动加速向数字化、信息化、互联化方向转型，各行业领域对软件管理、信息安全维护、平台设计和云服务的需求呈现爆发式增长，软件产品、信息安全和信息技术服务收入年均增速均达到两位数；电子商务平台技术服务收入年均增速超过20%；嵌入式系统软件收入年均增速为9.7%，成为产品和装备数字化改造、各领域智能化增值的关键性带动技术[①]。移动互联网基础设施进一步完善，移动终端设备持续更新换代，移动支付、短视频、手机购物、社交等灵活、即时、碎片化的应用服务场景不断丰富。移动互联网用户和流量出现爆发式增长，2019年接入移动流量达到1220亿GB，较2018年增长71.6%，是2015年的29倍[②]。随着5G时代的开启和手机芯片、操作系统的持续发展，移动互联网的市场体量有望持续高速增长。

共享经济模式快速迭代，向多个行业领域广泛渗透。出行、住宿、餐饮、家政、物流等生产生活各个领域出现了以共享经济为特征的新业态新模式。根据《2019年胡润全球独角兽榜》，截至2019年6月30日，全球494家独角兽企业中有22家典型的共享经济独角兽，其中有6家中国企业；滴滴出行以3600亿元的公司估值位列共享经济独角兽第一位。从2015年到2018年，网约出租车服务收入年均增速为35.3%，是巡游出租车服务的2.7倍，网约出租车客运量占出租车总客运量的比重由9.5%提高到36.3%；共享住宿收入年均增速约为45.7%，是传统住宿业客房收入的12.7倍，占住宿业客房收入的比重由2.3%提高到6.1%；在线外卖收入年均增速约为117.5%，是传统餐饮业的12.1倍，在线外卖收入占餐饮业收入的比重从1.4%提高到10.6%。以“货车帮”为代表的物流平台实现了货运车辆的共享，促进交通资源的高效节约；“共享单车+地铁”模式提升了城市交通效率，解决了百姓出行“最后一公里”难题，同时大大减少了碳排放量，成为绿色出行新选择；共享充电宝、共享KTV、共享汽车等新模式成为资本市场争相追逐的热点，深刻地改变了居民的生活娱乐方式和消费习惯。

---

① 数据来自工信部各年《软件和信息技术服务业统计公报》。

② 数据来自工信部各年《通信业统计公报》。

电子商务延续快速增长势头，线上线下深度融合不断催生新业态新模式。“十三五”期间，网上商品零售额年均增速达到24.6%，超过社会消费品零售总额年均增速15个百分点。2019年全年网上商品零售额占社会消费品零售总额比重达到20.7%，高于2015年9.9个百分点（见图4-3）。电子商务的快速发展带动邮政业特别是快递业的高速增长（见图4-4），2018年全国快递业务量突破500亿件，“十三五”期间邮政业务收入、快递业务量年均增速均超过30%。在消费和流通领域，电子商务与实体企业的线上线下边界正在不断模糊，“全渠道”融合格局逐渐形成，基于特定消费场景的业态嬗变和模式革新层出不穷。传统服务行业加速拥抱电子商务，利用互联网、大数据、智能识别等现代信息技术改造实体门店、拓展营销渠道，如深圳服装零售门店有三成配备了人工智能识别终端和数字化管理体系，通过优惠券、积分、拼团、等线上营销吸引客流已成为实体零售企业主要的营销方式。另外，电子商务企业开始依托其技术优势布局线下实体店，打造无人超市、个性化货架、大数据选品等“新零售”业态，如阿里巴巴的线下零售品牌“盒马鲜生”运用大数据、移动互联、智能物联网、自动化等技术及先进设备，实现消费者、商品、场景间的精准匹配。

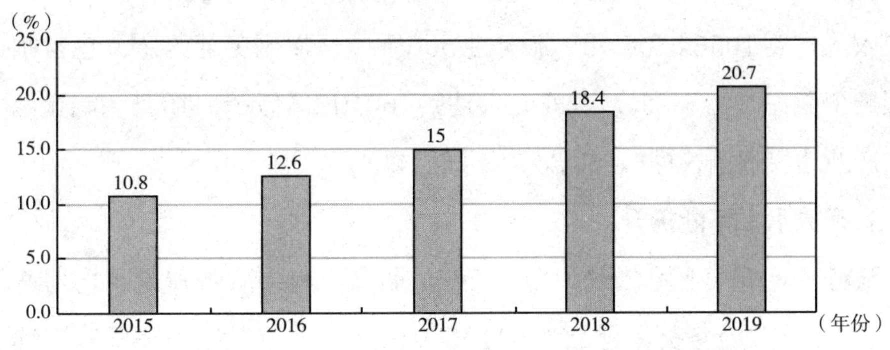

图4-3 2015—2019年网上商品零售额占社会消费品零售总额比重变化

资料来源：国家统计局。

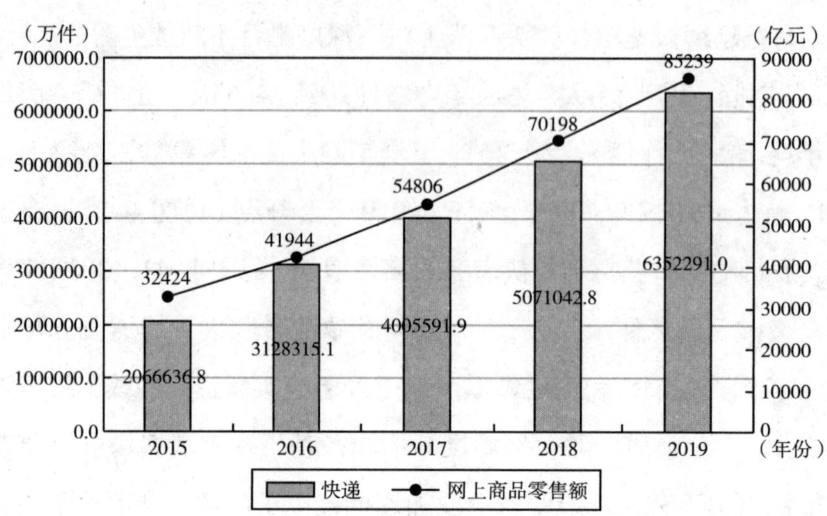

图4–4　2015—2019年网上商品零售额和快递业务量

资料来源：国家统计局。

服务业与制造业融合发展、协同转型步伐加快。以新一代信息技术、人工智能、5G等为核心的现代信息技术变革使社会生产向协同化、柔性化转变，推动生产性服务业深度嵌入制造环节。同时，传统制造企业为了提高产品附加值和竞争力，开始向研发设计和市场营销等服务领域延伸，并由单纯的生产产品逐步转变为提供包含产品和服务的“组合产品”。据统计，在2017年我国制造业500强中，以制造业为主、包含服务业的制造企业占比为3.7%，营业收入达到10564.7亿元；服务业500强中，以服务业为主、包含制造业的服务企业占比为5.2%，营业收入达到16010.2亿元①。服务和制造两大部门的产业边界逐渐模糊，协同效应不断凸显。

4.开放水平不断提升

服务贸易规模平稳增长。“十三五”期间，我国服务贸易平均增速超过10%，2019年服务贸易总额为54152.9亿元，规模仅次于美国，连续六年保持全球第二位。进口增长呈现波动下降趋势，2016—2019年增速分别为

① 王佳元、李子文、洪群联：《推动服务业向高质量发展》，《宏观经济管理》，2018年第5期。

21.5%、5.1%、10.0%及-0.4%；与此同时出口规模持续增加，2017年、2018年、2019年连续三年增速反超服务进口增速，其中2018年同比增长14.6%，创2011年以来新高，2019年实现8.9%的较高增速。受益于出口增速的快速提升，"十三五"期间我国服务贸易逆差的增幅持续收窄，年均增速不到3%，远低于"十三五"期间超过30%的增速。2019年，服务贸易逆差同比下降10.5个百分点至15025亿元，为"十三五"期间首次减少，表明服务业对外国际竞争力有显著提升。

服务贸易结构持续优化。运输、旅行、建筑等三大传统服务进出口总额占服务贸易总额的比重由2015年的69%下降到2019年的61.9%，年均约下降1.8个百分点。知识产权使用费、电信计算机和信息服务等知识密集服务和维护维修、保险、个人文化娱乐等高附加值服务进出口规模持续扩大。以美元计[①]，"十三五"期间维护维修服务、电信计算机和信息服务、知识产权使用费、个人文化和娱乐服务等新兴服务领域进出口额年均增长均达到两位数。加工服务等附加值较低行业进出口规模则逐年减少（见表4-3）。

表4-3 2015—2019年服务业分行业进出口总额和年均增速

年份	2015（亿美元）	2016（亿美元）	2017（亿美元）	2018（亿美元）	2019（亿美元）	年均增速（%）
运输	1259	1146	1300	1506	1509	4.63
旅行	3075	3065	2936	3163	2856	-1.83
建筑	264	208	325	222	236	-2.76
保险养老金服务	129	171	145	168	156	4.87
金融服务	48	52	53	56	64	7.46
电信、计算机和信息服务	359	383	469	530	616	14.45

① 作者根据国家外汇管理局《中国国际货物和服务贸易数据》测算。

续表

年份	2015（亿美元）	2016（亿美元）	2017（亿美元）	2018（亿美元）	2019（亿美元）	年均增速（%）
知识产权使用费	230	250	333	412	410	15.55
个人、文化和娱乐服务	26	30	35	44	50	17.76
维护和维修服务	49	71	82	97	138	29.55
加工服务	207	188	182	177	160	-6.24
其他商业服务	981	1010	1044	1133	1187	4.88
政府服务	36	41	52	62	53	10.15

资料来源：国家统计局。

离岸服务外包发展质量显著提升。2019年，我国企业离岸服务外包合同额和执行额分别达到1389.1亿美元和968.9亿美元，“十三五”期间年均增速分别达到12.3%和10.6%。高附加值生产性服务外包业务规模不断扩大，2019年承接离岸信息技术外包（ITO）、业务流程外包（BPO）和知识流程外包（KPO）的执行额在离岸服务外包中的占比分别为44.1%、18.1%和37.8%，医药和生物技术研发服务、检验检测服务、互联网营销推广服务、电子商务平台服务等高端生产性服务外包业务同比分别增长15.3%、20.5%、37.1%和53.2%。我国企业与“一带一路”沿线国家服务外包合作不断深化，承接沿线国家服务外包执行额2017年首次突破1000亿元，2019年达到1249.5亿元，“十三五”期间年均增速20.5%。

交通运输、信息服务、商务服务等现代服务业成为我国对外投资和利用外资增长的主导动力。“十三五”期间，服务业领域的外商直接投资（不含金融业）从房地产业、批发和零售业等传统行业领域转向信息传输、软件和信息技术服务业，租赁和商务服务业等现代服务业领域（见图4-5），特别是以总部经济为代表的租赁和商务服务业成为利用外资增长的重点（非金融类）。

对外直接投资从批发和零售业、房地产业转向交通运输、仓储和服务业，信息传输、软件和信息技术服务业，租赁和商务服务业等领域（见图4–6）。值得一提的是，与交通运输、商务服务等领域相比，2015—2019年信息传输、软件和信息技术服务业对外直接投资增幅相对较小，可能受到美国近年来限制我国企业对美信息科技投资、提高并购审查力度等外部环境变化的影响。

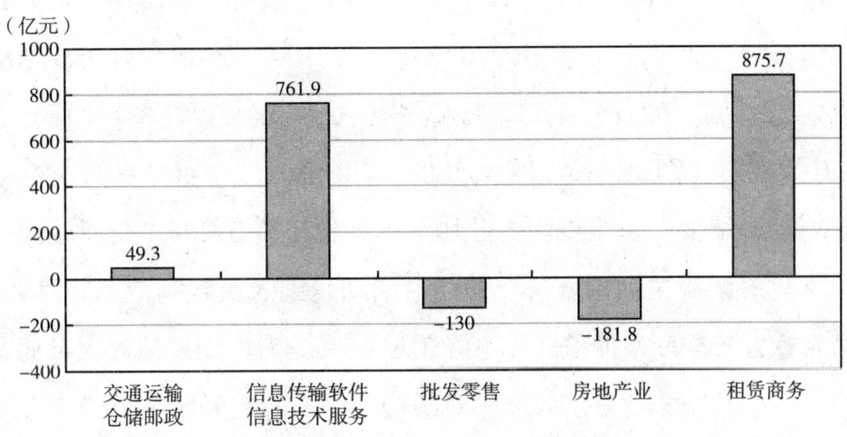

图4–5 2019年相比2015年分行业外商直接投资变化

资料来源：国家统计局。

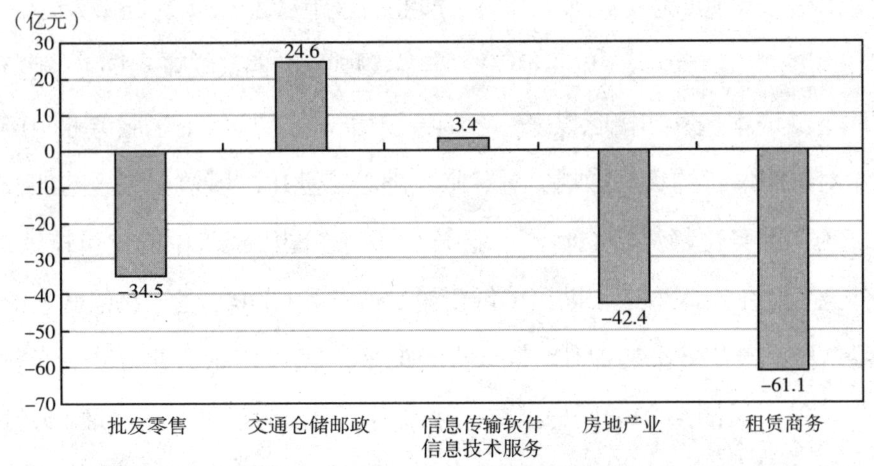

图4–6 2019年相比2015年分行业非金融对外直接投资净变化

资料来源：国家统计局。

在稳中有进、持续发展的同时，受新兴服务业增速趋缓、工业增速放缓降低生产性服务业需求、金融业和房地产业低速增长、服务业相对价格水平下降等多种因素影响，“十三五”期间我国服务业主要宏观指标均由高速转向中低速增长。服务业增加值增速在“十二五”期间仅2014年低于8%，“十三五”期间只有2017年增速达到8%；服务业固定资产投资增速下滑显著，从“十二五”期间的两位数水平下降到2019年的6.5%；服务业增加值占比增长势头放缓，2016年、2017年、2018年、2019年服务业增加值占比分别为52.4%、52.7%、53.3%和53.9%，4年共提高3.1个百分点，离“十三五”规划《纲要》预定的56%的目标还有2.1个百分点的差距。2020年初新冠肺炎爆发，一季度服务业增加值同比下降5.2%，交通运输、住宿餐饮、文化旅游等生活性服务业的经营活动受到人员限制流动的巨大影响，如住宿餐饮业一季度增加值同比下降超过35%。考虑到疫情对服务业造成严重冲击，生活性服务业复工复产相对缓慢，基本确定无法完成“十三五”规划《纲要》的预定目标。

此外，“十三五”期间服务业劳动生产率显著低于第二产业劳动生产率的现象未得到根本改观（见表4–4），与第二产业的差距从2015年的18877元/人拉大到2018年的37019元/人（见图4–7）。自从美国经济学家威廉·杰克·鲍莫尔提出“服务业成本病”的概念以来，多国经济增长现实均验证了服务业生产率提升缓慢对经济增长的负面影响。近年来，随着工业化、城镇化进程的加快，我国经济结构服务化趋势日益明显，服务业部门在国民经济中的比重持续上升，但服务业劳动生产率增速长期显著低于第二产业和GDP，在一定程度上影响了国民经济整体产出效率的提升。需要注意的是，2019年服务业劳动生产率增速达到6.79%（见图4–8），历史上首次超过当年全员劳动生产率增速（6.61%），也高于当年第二产业劳动生产率增速（5.34%），表明服务业正在从低效增长阶段转向提质增效阶段，“十四五”时期服务业的效率有望继续快速提升。

表4-4 “十二五”和“十三五”期间分行业劳动生产率年均增速（%）[①]

年均增速（%）	“十二五”期间（2011—2015年）	“十三五”期间（2016—2019年）
全员劳动生产率增速	7.49	6.65
第一产业劳动生产率增速	9.25	5.21
第二产业劳动生产率增速	7.29	7.45
服务业劳动生产率增速	3.68	5.11

资料来源：作者根据国家统计局历年统计年鉴测算。

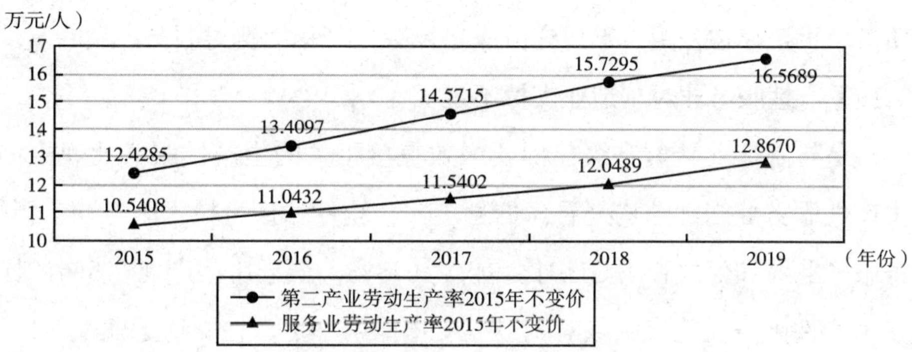

图4-7 2015—2019年第二产业和服务业劳动生产率变化（2015年不变价）

资料来源：国家统计局。

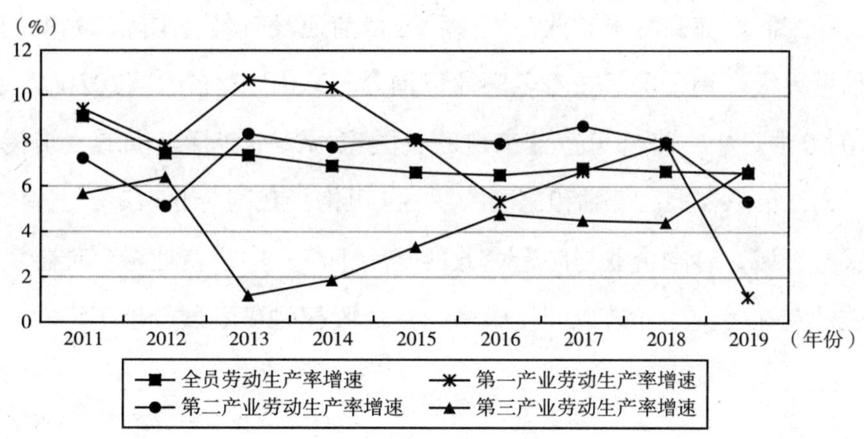

图4-8 “十二五”以来三次产业劳动生产率增速

资料来源：作者根据国家统计局历年统计年鉴的不变价生产总值测算。

① 劳动生产率为以2015年价格计算的增加值与就业人员的比率。

（二）服务业发展存在的主要问题

随着社会经济的发展，一方面制造业进入转型升级和提质增效的发展新阶段，迫切需要研发设计、商务服务等高质量生产性服务供给；另一方面，随着人民群众收入水平不断提高，对高质量的教育、医疗、娱乐、文化等生活性服务需求更加旺盛。然而，与高质量发展的要求，我国服务业供给的总体质量水平还存在差距，难以充分满足社会生产和消费对服务产品的需求。

1.生产性服务业对制造业支撑不足

一是与制造业转型升级、提质增效直接相关的生产性服务业规模偏小。从生产性服务业内部结构来看，信息传输、软件和信息技术服务业、租赁和商务服务业增加值之和占GDP比重仅为6.3%，低于房地产业6.6%的比重。二是生产性服务业重点领域对制造业支撑作用不足。在交通运输领域，我国多式联运量占全社会货运量比重不足3%[①]，全国社会物流总费用与GDP的比率为14.8%，远高于美国7.5%的水平[②]，高昂的物流成本大大压缩了制造企业的盈利空间。在商务服务业领域，我国目前还没有具有国际知名度的服务品牌和世界级咨询公司，在著名职业咨询公司Vault发布的《2020 Vault咨询公司50强》中，大部分企业来自欧美国家，其中包括美国的麦卡锡、波士顿咨询、贝恩咨询、德勤和德国的罗兰·贝格，我国企业则无一上榜[③]。在金融服务领域，金融企业与制造企业匹配度不高、中小企业融资难融资贵等问题依然存在，金融业态以间接融资为主，股权融资发展严重不足。三是第

① 宋雪莲：《多式联运量占全社会货运量不足3%　运输结构调整三年行动计划近期有望推出》，2018年9月14日，http://www.ceweekly.cn/2018/0914/234628.shtml.

② 李忠心：《巨头垄断下的美国物流市场》，2018年3月5日，http://www.chinawuliu.com.cn/xsyj/201803/05/329128.shtml.

③ Vault. 2020 Vault Consulting 50[EB/OL]. [2019-10-30]. https://www.vault.com/best-companies-to-work-for/consulting/vault-consulting-rankings-top-50?sRankID=248.

三方生产性服务业专业化水平较低。以交通运输业为例，我国目前第三方物流渗透率不到20%，而美国和日本第三方物流渗透率分别达到60%和80%。由于服务业用能成本高，个别服务业面临“营改增”后人力成本等支出无法抵扣导致实际税赋不减反增的问题，制约了一些大型制造企业剥离生产性服务业务、对外提供第三方专业化服务的动力。

2.生活性服务业消费体验有待提升

生活性服务业消费体验和满意度问题当前已经成为制约我国人民群众消费升级、提升人民群众获得感和幸福感的焦点问题。国家市场监管总局发布的《国家服务业质量监测结果》显示，我国新兴服务业万人投诉量大幅攀升，2017年服务业万人投诉量（3.03）显著高于工业万人投诉量（2.20），涉及合同、售后服务、虚假宣传、人格尊严的投诉比重有所上升。互联网等服务业新兴行业缺乏质量标准规范体系，以网络购物为主体的远程购物投诉量在服务投诉中遥遥领先，部分共享单车新兴企业出现押金退还困难，电商平台、以微商为代表的个人网络商家和电视购物均存在商品服务、质量不合格问题。在关于服务业顾客满意度的监测指标中，服务特色、服务内容丰富程度、服务人员态度等指标得分较低，反映出我国服务业同质性强、服务人员综合素质水平不高的问题。2019年上半年全国消协组织最新受理投诉情况显示，生活和社会服务类、互联网服务类、销售服务类、电信服务类、教育培训服务类居服务业投诉前五位，经营性互联网服务、餐饮服务、培训服务、住宿服务和健身服务成为近期投诉量快速攀升的服务领域，尤其是预付费类文化娱乐体育服务和老年康养、家政等近年来发展迅速的服务，更是消费者满意度偏低的重灾区。

3.高附加值和知识密集型服务领域国际竞争力不高

我国服务贸易从1994年起长期处于贸易逆差状态。虽然在“十三五”期间贸易逆差增幅逐渐收窄，2019年逆差额甚至有所下降，但服务贸易逆差的规模依然较大，是全球最大的服务贸易逆差国。从国际经验看，制造业大国转型过程中出现服务贸易逆差是普遍规律，如从1980年有统计数据开始日本、德国的服务贸易均已连续36年逆差。我国服务贸易逆差是制造业转型升级和居民消费需求升级“双升级”的结果，但部分服务领域，特别是高附加值和知识密集型服务行业长期贸易逆差、国际竞争力偏弱的问题不容忽视。从“十三五”期间服务贸易统计数据来看，除旅行、运输两大服务贸易逆差来源外，知识产权使用费、保险和养老金服务、文化娱乐服务等行业贸易逆差较大（见表4-5）。可以预见，未来较长的一段时期内，服务贸易逆差依然会是常态。在我国国际收支结构可能发生较大变化、货物商品贸易顺差不断缩小的背景下，加快提升服务业的国际竞争力、进一步缩小服务贸易逆差，对于保持我国国际收支平衡意义重大。

表4–5　服务贸易及部分行业贸易逆差　单位：亿元

年份	2015	2016	2017	2018	2019
服务贸易差额	–12875	–16343	–17260	–19247	–17882
运输差额	–3045	–3132	–3767	–4362	–4065
旅行差额	–11934	–14488	–14595	–15672	–14925
保险和养老金服务差额	–186	–585	–428	–462	–409
知识产权使用费差额	–1302	–1508	–1609	–1978	–1914
个人、文化和娱乐服务差额	–73	–100	–134	–161	–221

资料来源：国家外汇管理局。

（三）对服务业当前发展阶段和“十四五”时期发展走向的总体判断

当前，我国服务业正处在由高速增长转向高质量发展、外延式增长转为内涵式增长转变的阶段。

从供给侧来看，我国服务业的增长路径正在发生转变。以人力、土地、资本等传统要素投入为动力的粗放式增长模式是我国服务业长期以来规模迅速扩张的主要路径，但也是服务业产出效率偏低、支撑不足、品质不优的主要原因。近年来，随着大数据、云计算、物联网、人工智能等现代信息技术深度嵌入，部分服务业领域在生产、流通、消费的不同环节上实现了“时空分离”，涌现出平台经济、共享经济、远程经济（宅经济）等线上线下融合的新模式、新业态。数据、算法等新的生产要素成为服务业经营活动的重要要素投入，使得服务业具备变换发展轨道、提升产出效率的条件。

从需求侧来看，我国服务业未来依然有较大的市场空间。一方面，“十四五”时期是我国产业转型升级、高质量发展的关键期，制造业要破解处于价值链中低端困境、提升产品质量和打造品牌价值，离不开研发设计、品牌营销等生产性服务业的支撑，因而必将对高质量的生产性服务业产生巨大需求。另一方面，我国人均GDP超过1万美元，国际经验表明此时国民服务消费将进入加速扩容阶段[①]。随着城镇化进程的推进和国民收入水平的提高，消费升级和人民群众不断增长的美好生活需要要求生活性服务业更加重视服务品质和满意度，也为生活性服务业实现“从无到有”向“从有到优”转变提供巨大动力和发展空间。新冠肺炎疫情期间餐饮、住宿、旅游、交通运输等服务业的经营活动陷入停滞，人民群众对“无接触式”的服务新业态新模式的需求大幅上涨，后疫情时代全社会的线上服务需求可能还会持续，将进一步推动服务业的数字化转型发展。

此外，根据美国、德国、日本等发达国家的国际经验，在进入后工业化阶段后，不同国家由于资源禀赋、历史条件和国际分工的差别，服务业增加值比重也有所差别，美国维持在80%左右的水平，日本为70%左右，韩国则不到60%（见表4-6），但总体都会进入服务业比重相对稳定的阶段。当

① 发达经济体消费升级历史显示，随着经济发展和生活水平提高，基本生活需求消费占比逐步降低，高层次享乐消费占比逐渐提高，消费升级总体路径呈现为“非耐用品消费—耐用品消费—服务消费”。目前，不少发达国家以服务消费为主，美国服务消费占居民消费支出的比重高达68%，英国占55%，日本占60%。

前，我国服务业也正在从迅猛发展阶段过渡进入增速趋缓、平稳增长阶段。我国服务业增加值占GDP比重在“十二五”期间提升了7.2个百分点，年均增加1.4个百分点；“十三五”期间仅提升了1.9个百分点，年均增加0.6个百分点（见图4-9）。“十三五”规划提到2020年服务业增加值比重的预期性目标为56%，目前来看实现这一目标难度较大。结合服务业发展规律和国际经验，我们认为，“十四五”末期我国服务业增加值比重大约达到58%，在更长时期内可能接近并维持在60%左右的水平。

综上所述，“十四五”时期乃至未来相当一段时间内，我国服务业在国民经济中的比重可能呈现缓慢上升、相对稳定的态势，但服务业的高质量发展将带动服务业和制造业产出效率整体上升，提高人民群众的获得感和幸福感，最终推动国民经济高质量发展。

表4-6　世界主要国家制造业、服务业增加值占比　单位：%

制造业增加值占比					
年份	中国	美国	德国	日本	韩国
2015	29.5	11.6	20.7	20.8	27.1
2016	29.0	11.1	21.1	20.7	26.8
2017	29.3	11.2	21.1	20.7	27.6
2018	29.4	11.4	20.8	21.0	27.2
2019	27.2	11.0	19.4	——	25.4
历史最高值		27.6%（1953）	30.5%（1970）	34.0%（1970）	28.5%（2010）
服务业增加值占比					
年份	中国	美国	德国	日本	韩国
2015	50.8	78.9	69.0	69.3	59.7
2016	52.4	77.0	68.9	69.3	59.2
2017	52.7	80.1	61.9	69.1	52.8
2018	53.3	80.6	61.5	69.1	53.6
2019	53.9	—	62.4	—	56.8

资料来源：世界银行数据库、国家统计局。

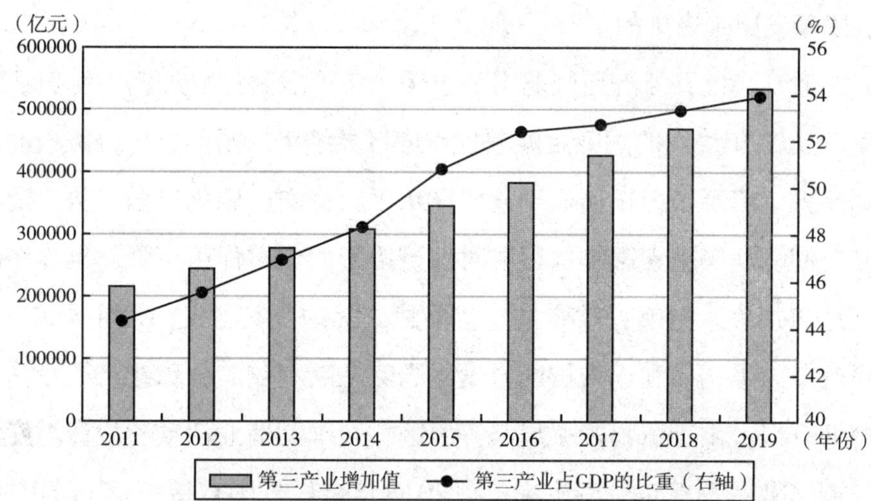

图4-9 “十二五”以来服务业增加值及占GDP比重

资料来源：国家统计局历年统计年鉴。

二、“十四五”时期我国服务业高质量发展面临的制约挑战

“十四五”时期，世界面临百年未有之大变局，国内外发展环境发生了重大变化。从国外看，全球经济竞争格局正在发生重大调整，国际经济秩序和经贸规则加快重塑，新一轮科技革命与产业变革加速兴起；从国内看，我国经济增速下降，供需结构性矛盾凸显，资源环境约束强化，体制改革攻坚难度加大。这些变化和因素，对我国服务业高质量发展将产生制约和挑战。

（一）国内外环境发生较大变化、不确定性明显增多

世界处于百年未有之大变局，国内外环境发生较大变化、不确定性明显增多，是“十四五”时期的一个显著特征。内外部发展环境变化将对我国服

务业高质量发展带来挑战。

从外部看，世界经济呈现弱增长态势，各国之间竞争加剧，经贸冲突不可避免。2008年爆发的国际金融危机重创世界经济，虽然世界经济一度出现超预期反弹，但至今为止仍低于危机前水平。受逆全球化日渐得势、贸易保护主义思潮涌动等因素影响，贸易对经济增长的支撑作用下降，世界经济下行压力还将加大。特朗普政府挑起贸易战，美国及其盟友力图主导WTO规则体系改革，重构有利于维护西方发达国家垄断利益的全球经济秩序，遏制我国产业升级。由于贸易紧张局势等原因，全球制造业活动和投资力度大大减弱，服务业和消费也会受到影响。2018年全球外国直接投资（FDI）同比下降13%。贸易冲突累积效应可能意味着到2020年损失将达到大约7000亿美元，相当于全球GDP的0.8%左右[①]。2020年新冠肺炎疫情的爆发和蔓延大大加剧全球经济下行风险增加，全球经济将大概率陷入负增长。总体来看，全球经济增长乏力，市场需求扩张有限，服务业领域的国际投资和贸易活动低迷；发达国家服务业竞争力强，在金融、科技等诸多服务业领域形成了国际竞争规则、抢占了话语权，贸易保护主义有所强化，贸易摩擦更多和投资审查更严，影响我国服务业高质量发展。

从国内看，我国经济从高速增长转向中高速增长，下行的压力还在加大。2019年我国经济增长6.1%，创1990年后历史新低。2020年新冠肺炎疫情的“黑天鹅”事件使原本压力较大的宏观经济“雪上加霜”，预计“十四五”时期GDP增长在6%以下是大概率事件。国内结构性矛盾突出，大量产能过剩与有效供给不足并存矛盾、产业发展与资源环境之间矛盾、地方财力约束受限与支持产业扩大传统路径的矛盾、居民收入增长放缓和社会保障不足的矛盾尚未根本解决，服务业发展的风险和不确定性可能更大。工业下行压力

① 冯迪凡：《IMF新总裁首秀：经济正同步放缓　应该加速行动》，2019年10月9日，https://baijiahao.baidu.com/s?id=1646871721657147495&wfr=spider&for=pc.

仍然较大，高端服务业供给不足和部分制造业外迁转移可能导致相应服务业需求"外流"，生产性服务业发展面临制约。2016—2019年，我国居民人均可支配收入扣除价格因素的实际同比增长为8.4%、9.0%、6.5%、5.8%；2020年受疫情冲击，城乡居民就业压力增大，收入来源受到直接冲击，一季度人均可支配收入实际同比下降3.9%。疫情使居民需求潜力明显下滑，对未来收入信心下降，限制了服务消费需求持续快速增长的空间。

（二）服务业领域改革不到位、改革难度加大

改革开放以来，遵循市场化的改革发展思路，我国服务业获得了较大发展。当前，服务业领域改革进入攻坚阶段，市场化改革面临着政府部门、垄断企业等方面的阻力，既有利益格局难以打破，一些改革政策涉及广、联动性强，落实难度加大，必然影响服务业高质量发展。

一是服务业领域的对内开放并不充分，统一、开放、竞争、有序的服务业市场还没有形成。民间资本进入金融、电信、航空等垄断性行业仍面临"玻璃门""天花板"的困难。准入机制改革落后既导致了资源要素的正常流转，抑制了服务供给水平的提高，也直接导致服务业竞争活力和创新动力，影响服务业生产效率；二是部分领域的市场化改革由于涉及面广、影响力大，改革进程缓慢，影响了服务业的发展与壮大。例如，包括教育、医疗、科研机构在内的涉及4000多万人的事业单位改革的进展，直接关系到我国教育服务行业、医疗服务行业、科研服务行业的发展；部分国有企业改革不彻底，仍保留大量后勤、法律事务、学校、医院等非核心业务，物流、工业设计等部门生产性服务业还没有实现外部化；三是市场机制的作用没有得到充分发挥，水、电、气等资源性产品价格形成机制尚不完善，也影响了供水、供电、供气等公共服务行业的市场化发展进程。如果这些领域的市场化改革不能顺

利推进，我国服务业发展将缺乏增长动力和活力来源，那么服务业高质量发展将会更加困难。

（三）新业态新模式蕴含风险隐患、产业发展不可持续

随着新一轮科技革命和产业变革孕育兴起，大数据、云计算、人工智能等技术日益成熟，服务业领域创新十分活跃，涌现了许多新业态新模式，如共享经济、电子商务、网络视频、远程诊断等，成为新的经济增长点和消费热点。新业态新模式快速发展的同时，却蕴藏巨大风险并具有不可持续性，对“十四五”服务业高质量发展提出严峻挑战。

例如，共享经济是互联网等先进技术和协同消费的先进理念相融合的产物，既提高资源利用效率，又降低生产消费成本，近年来得到快速发展。与此同时，也出现了扰乱市场秩序、侵害消费者权益甚至危害公共安全等各种乱象。究其原因是，相关法律法规未健全、新型监管服务机制未建立、社会信用体系未完善，如现行监管手段还不能有效跟踪、把控和监督互联网平台上大规模、虚拟化的交易。一些创业企业借助于互联网商业模式创新仅用几年时间就成长为估值和规模巨大的独角兽企业，引发了社会各界广泛关注，地方政府、社会资本、风险投资蜂拥而上的现象突出。现实却是，许多曾被称作独角兽企业的引领者公司“昙花一现”、短暂辉煌，不仅给投资商、消费者带来巨大损失，也扰乱了正常的创业环境、资本市场、市场秩序。比如，成立于2004年的乐视经过十年发展实现收入近百亿，到2018年净资产却已为负值；创立于2014年的共享单车ofo仅用短短三年就占领了我国55%的市场份额，估值一度超过30亿美元，目前几已宣告倒闭。

电子商务快速发展带来快递业迅猛发展，2019年全国快速业务量累计完成635.2亿件，相当于全国每人收寄45.4件快递。快递在给人们提供方便的

同时，也带来包装物料的极大消耗和环境污染等问题。据测算，2017年全国快递业需消耗包装箱192亿个、编织袋58亿个、塑料袋150亿个，胶带300亿米，可绕地球赤道760圈。目前快递纸箱回收率不到20%。过度包装、缺乏回收管理和大量包材一次性使用不但造成资源浪费，产生大量挥发有机物和固体废弃物，对大气和水土环境造成的污染亦不容小觑。

互联网直播、网络短视频等新兴领域快速发展的同时，低俗内容充斥、恶性竞争、乱象重生。一些网络直播平台为吸引用户和流量，雇佣网络水军互相攻伐甚至恶意捏造事实。各种偏离社会主义核心价值观的内容在新型文化传播平台“灰色地带”肆意横行，给网络空间和产业发展带来极大污染。一些行为涉及网络侵权、网络信息安全、网络财产安全等，超出了现有《网络安全法》《侵权法》等法律法规所能界定和规制的范围。[①]

（四）服务业全面开放加剧行业竞争、部分领域可能面临冲击

改革开放以来，我国通过不断扩大产业开放、积极融入全球市场，有力促进产业经济发展和综合国力提升。当前我国正按照推动形成全面开放新格局的要求，加大速度和力度扩大服务业开放，“十四五”服务业开放将达到一个新的、前所未有的水平，这一方面有利于引进国外先进资金、管理、技术，通过竞争提升我国服务业竞争力；另一方面也可能给我国竞争力较弱的服务业市场带来明显冲击。例如，目前我国5家权威信用评级机构（中诚信、联合资信、上海远东、上海新世纪、大公国际）中，有3家（中诚信、上海远东、联合资信）已经引入外资、1家与外资机构开展合作，美国信用评级机构已控制我国三分之二的信用评级市场，严重威胁我国金融主权。

2020年《外商投资准入负面清单》总条目33条，与服务业有关的条目

① 任建安：《网络直播乱象的法律规制》，《长沙民政职业技术学院学报》，2018年第1期。

有32条，比2015年的《外商投资产业指导目录》限制或禁止条目少18条，放宽领域以金融业、批发零售业、科学研究和技术服务业、文化体育和娱乐业等为主。特别是金融服务领域，按照“宜快不宜慢、宜早不宜迟”的原则，将允许境外资产管理机构与中资银行或保险公司的子公司合资设立由外方控股的理财公司，允许境外金融机构投资设立、参股养老金管理公司，支持外资全资设立或参股货币经纪公司，人身险外资股比限制从51%提高至100%的过渡期由原定2021年提前到2020年等。外资金融机构在混业经营、市场化机制、机构客户服务以及产品定价能力和创新等多项领域具备优势，尽管中资金融机构近年来取得了长足进步，但在经营管理、国际化程度、盈利能力等方面仍然与国际先进同业存在不小的差距，在市场定位、客户定位以及差异化战略方面还存在差距，战略同质化比较严重。[①]特别是一些中小金融机构、地方性金融机构面临的冲击较大，风险防范上必须提前做好预案。

（五）服务业人才结构不合理、人力资本积累不充足

人力资源是第一资源，推动产业高质量必须有高素质的人才队伍。当前，我国服务业人才结构不合理、人力资本积累不充足，人才素质总体上与服务业高质量发展的需求还不相匹配。

随着我国人口结构、产业结构调整变化，部分行业人才需求不平衡、缺口大。我国劳动年龄人口已出现拐点，就业人口总量也首次出现下降[②]。在家庭小型化、代际居住异地化的大背景下，人口老龄化高速增长加剧了对养老

① 李策、彭纯：《金融业对外开放重大举措既有机遇也有挑战》，2018年6月25日，http://finance.sina.com.cn/roll/2018-06-25/doc-iheirxyf3687465.shtml.

② 2019年我国劳动年龄人口降至8.96亿人，占总人口的64.0%，从2011年劳动年龄人口达到峰值以来已连续第八年“双降”。

服务、医疗卫生、家政看护、休闲娱乐、精神慰藉等服务业的需求，劳动力需求也相应加大。2019年底我国60周岁及以上人口有2.54亿人，全国失能、半失能老人超过4000万人①，按照国际上失能老人与护理员3∶1的配置标准推算，我国至少需要1300万名护理员，目前鉴定合格的养老护理员只有不到5万人。由于这些行业的社会地位不高、工作压力较大、存在传统观念形成的职业歧视，许多劳动力特别是“90后”、“00后”独生子女不愿意从事这些行业。调研显示，2014年全国45所开设老年服务与管理专业的院校中，有10所院校没有在校生，有10所学校在校生人数少于50人，全部院校的在校生总数仅为3638人，毕业生总数也只有4554人。养老职业教育学生到岗第一年的流失率可能达到30%，第二年50%，第三年70%甚至更高。②

从高端人才看，服务业人才当量密度低、层次不高，复合型、专业化人才的缺口不断扩大。例如，全球拥有注册金融分析师认证的约10万人，我国内地仅约2000人；高端涉外法律服务人才不足，真正能够熟练做国际法律服务业务的律师占整个律师队伍的1%左右。

三、“十四五”时期服务业高质量发展思路和重点任务

（一）主要思路

深入贯彻落实党的十九大精神，以习近平新时代中国特色社会主义思想为指导，深刻把握“十四五”时期国内外经济环境重大变化、全球科技革命和产业变革趋势、我国服务业发展新形势、新问题，以服务满意度高、支

① 《2018中国民政统计年鉴》。

② 郑林、李梦婷：《养老护理专业毕业生流失率高居不下》，《北京青年报》，2016年7月5日。

撑能力强、产出效率高、国际竞争力强“两高”“两强”为导向，以服务业供给侧结构性改革为主线，以科技创新为动力，以人民美好生活为中心，推进服务产业内结构优化调整，推动服务业与制造业、农业互动融合，加快培育服务业新产业新业态新模式，扩大服务业开放，提升全要素生产率，培育一批全球产业链、价值链、供应链上具有国际竞争力的服务业企业，走出一条动力持久、融合高效、竞争有力、人民满意的服务业高质量发展之路。

——以调结构、补短板提高服务满意度。主动回应和满足人民对美好生活的新期待和新需求，从品质结构、产业结构、空间结构上平衡高质量服务业的结构关系，加快推动服务业创新发展，培育满足现代人生产生活需求的新业态新模式，引导服务供给主体提供优质、便捷、实惠、绿色的生产性服务和生活性服务，畅通服务业各行业各领域供需对接反馈渠道，提升人民的体验感、幸福感和获得感，提高大众福利水平。

——以推动服务业与制造业、农业深度融合强化支撑能力。以“服务业+”思维方式来推动服务业与制造业、农业的互动融合发展。一方面，通过深化业务关联、链条延伸、技术渗透等探索新业态新模式新路径，因势利导、以点带面推动服务业与制造业相融相长、耦合共生。另一方面，通过推进农村一、二、三产业融合发展，积极发展农业生产性服务业，加快服务业与农业的融合发展，不断创造新的发展生态圈。

——以深化服务业要素配置改革提升产出效率。以效率为导向，以全面深化改革为突破口，打通阻碍服务业要素自由流通与配置的梗阻，持续不断优化营商环境，激发市场主体活力，强化技术进步在服务业的广泛运用，挖掘服务业的内在发展潜力，全面提升服务业产出效率。

——以多领域、深层次、宽尺度开放增强国际竞争力。主动适应跨入“高收入国家”门槛后的国际经贸新规则，积极应对中美经贸摩擦，进一步放宽服务业准入，引进国际资本与人才，打造一批享誉全球的服务品牌，全面参与国际竞争与合作。鼓励服务业龙头企业、骨干企业、平台企业等“走出去”，建立面向全球的开放式服务网络。

（二）重点任务

1.优化调整服务业结构，增加服务有效供给

以市场为导向，优化服务业品质、类别和空间结构，培育满足现代生产生活需求的新业态新模式，增加有效供给。

——调优服务业发展结构。依托信息技术和现代管理理念，全面提升工业设计服务、与生产有关的数字内容服务、生产性互联网接入及相关服务、信息系统集成和物联网技术服务等生产性服务重点领域发展水平，大力发展金融服务、研发设计服务、医疗教育、信息服务等知识密集型现代生活性服务业，提高技术性、知识性和公共性服务为主的生产性服务业和生活性服务业在国民经济中的比重，促进产业结构优化升级。

——培育壮大新兴服务业。以新市场需求为依托，推动服务与技术的深度融合和迭代创新。打造一批面向服务领域的关键共性技术平台，推动在服务领域深度应用，提升服务数字化、智能化发展水平。鼓励发展涵盖研究开发、技术转移、检验检测、创业孵化、知识产权、科技金融、科学普及的科技服务业。以物联网、大数据、人工智能等新一代信息技术在服务领域的创新应用为基础，推动文化创意、工业设计、检验检测、远程医疗、互联网金融、电子商务等新兴服务行业快速发展。

——优化服务业空间结构。顺应城镇化发展大趋势，优化城市服务业空间结构，分类引导服务业在不同层级的城市合理布局、有序集聚，推动城市群和都市圈公共服务均等化和要素市场一体化，构建城市群和都市圈服务网络，促进服务业联动发展和协同创新，形成区域服务业发展新枢纽。强化中小城市服务功能，形成服务周边、带动农村的新支点。优先发展就业吸纳能力较强的生活服务业、人力资本密集的生产性服务业等，满足农业转移人口市民化的需求。

2.推动服务业与制造业、农业深度融合，构建良性产业生态圈

以市场需求为核心，以产业升级需求为导向，加快技术创新、知识创新和管理创新向新服务转化，加强产业联合、技术融合，推动服务业与先进制造业、现代农业互融互促、耦合共生。

——推动服务业与制造业深度融合。以数字化技术深入应用为支撑，以产业转型、消费升级为驱动，促进智能化解决方案服务、工业互联网创新应用、柔性化定制、共享工厂、总集成总承包、全生命周期管理、供应链管理、服务衍生制造、工业文化旅游等业态和模式创新，实现技术、产品、服务、载体、链条深度融合，形成有利于提升“中国制造”核心竞争力的服务能力和服务业模式。通过深化业务关联，探索互联网服务、现代物流服务、研发设计、新能源生产使用、消费服务、金融服务等服务业重点领域和原材料工业、消费品工业、装备制造业、汽车制造业等制造业重点行业双向融合发展路径，构建相互支撑、紧密联动、高效协同的发展生态。

——推动服务业与农业深度融合。加快推动金融、信息、科技、研发等现代服务业向农业农村下沉，培育发展农村服务业，引导农业生产向生产、服务一体化转型。大力发展农产品电子商务，支持发展生鲜农产品冷链物流，完善大中城市“菜篮子”配送及综合服务网络。依托大数据、云计算等技术，积极发展农业科技和信息服务业。推动科技、人文等元素融入农业，发展农田艺术景观、阳台农艺等创意农业。推进旅游、教育、文化、健康养老等生活性服务与农业资源要素深度融合。鼓励发展农业生产租赁业务，积极探索农产品个性化定制服务、会展农业、农业众筹等新型业态。

——创建产业融合发展平台。发挥产业链龙头企业、行业骨干企业、专精特新中小微企业、平台型综合服务企业及其他各类主体等不同规模、各种类型市场主体独特优势，激发发展活力，加快探索创新，发挥示范作用，带动行业、产业链上下游企业加快融合创新步伐。打造服务平台，鼓励有条件、有实力的服务企业（机构）与制造企业突破边界，搭建创业孵化平台和协同创新平台，并与中小企业建立协同创新的产业生态环境。

3.深化体制机制改革，提高服务业产出效率

以供给侧结构性改革为着力点，加快推进服务业重点领域体制机制改革，着力提升服务业劳动力、人才、资本、科技等要素产出效率。

——推动服务业重点领域市场化改革。深化医疗研发、金融、增值电信、文化娱乐等领域体制改革，降低被管制服务业的准入门槛。在医疗、养老、教育等民生领域，对民办与公办机构在市场准入、职称评聘、社会保险定点等方面同等对待。加强服务业垄断性行业监管，稳步推进交通、医疗、金融、电信等服务领域市场化改革。加快研发，教育、培训、法律咨询等单位改制，支持具备条件的科技企业孵化器、检验检测认证、生产力促进中心等机构与行政部门脱钩、转企改制，推动建立一批第三方的研发机构、物流企业、节能环保企业等。稳步推进国有企业混合所有制改革，促进各种所有制经济共同发展。

——推动资源要素自由流动与高效配置。强化市场配置要素资源基础性作用，破除妨碍劳动力、资本、技术、数据等要素流动的体制机制障碍，促进要素资源跨所有制、跨行业、跨区域流动，提升区域合作和协同创新能力，构建各类产学研合作交流平台等途径，深化区域间要素、服务、技术流动，实现人尽其才、物尽其用。鼓励企业吸收国内外先进的生产技术和经营管理经验，加大服务业的人力资本投资力度，优化教育结构，提升服务业劳动力的受教育程度，降低其劳动异质性，提高服务业平均劳动效率。以激励人为目标深化体制改革，加快建立有利于释放人的创造性的法人治理结构，广泛吸纳社会资本和外资参与，发展混合所有制，提升现代服务业产出效率。

4.持续扩大服务开放，增强服务业国际竞争力

主动适应国际规则变化，转变竞合策略，走出发展舒适区，进一步扩大服务业开放，推动服务业“引进来”，积极对接服务业国际标准，推动服务业更深更广融入全球供给体系，提升“走出去”层次水平，在国际竞争中打响品牌。

——进一步放宽服务业外资准入。加大服务业领域开放力度，优先开放涉及企业生产和居民生产生活的健康医疗、文化教育、科学技术、金融服务等外资限制较多的服务业领域，持续放宽对外资的进入限制，放宽对外资的资质要求，对外资的准入门槛、营业区域、股权比例、业务范围等给予更多的国民待遇，不断丰富市场主体的所有制形态。循序放开建筑设计、会计审计、电子商务等领域外资准入限制，对金融保险、电信、部分交通运输等垄断性服务业，重点推进准入方式、监管体制等方面的综合配套改革。鼓励跨国/境外生产性服务企业进入中国市场，持续加强金融服务、交通运输、商贸物流、专业服务等领域的双向开放力度。

——提升“走出去”层次和水平。按照加快建设开放型经济新体制的要求，赋予自贸试验区更大改革自主权，实行高水平的贸易和投资自由化便利化政策，形成面向全球的贸易、投融资、生产、服务网络，构建陆海内外联动、东西双向互济的开放格局。以“一带一路”建设为重点，引导有条件的企业在全球范围配置资源，优化布局研发中心、生产基地、物流基地、营销中心等，积极承揽国际工程项目，承接跨国公司外包的业务流程，推动检验检测、认证、物流等服务标准与国际接轨，推动服务业和制造业协同走出去，全力培育一批具有较强国际竞争力的服务业龙头企业，提升服务业整体实力和竞争力，在开放竞争中拓展空间、提升水平。

——提升服务贸易领域话语权。立足我国国际位势变化的实际，主动适应国际规则变化，积极参与国际服务贸易规则制定，支持龙头企业积极、主动、全方位地参与双边、多边、区域贸易规则制定，全面参与全球服务业重点领域标准研制工作，在国际规则制定中发出更多中国声音、注入更多中国元素，努力在经济全球化中抢占先机、赢得主动。

四、构建适应服务业高质量发展的制度和环境

服务业高质量发展需要适宜的制度和环境，“十四五”期间应充分调动社会各方面积极性，正确处理政府与市场、对内开放与对外开放、安全与效率等方面的关系，适应服务业新形势新特点，有序深化改革，大胆探索和实践，不断创新体制机制、创新管理模式和监管手段方法，深入探索适应服务业高质量发展的体制机制、开放路径和政策措施，营造市场化、法治化、国际化的服务业高质量发展环境。

（一）畅通准入路径，分类制定开放政策

实现服务业高质量发展必须依靠深度改革开放。服务业高质量发展必须遵循市场决定资源配置的经济规律，大幅度减少政府对服务资源的直接配置，推动资源依据市场规则、市场价格、市场竞争配置，实现效益的最大化和效率的最优化。应坚持平等对等原则，破除显性隐形障碍，把握服务业及内部各行业发展的规律，适应国际服务业发展趋势，实现市场准入畅通、市场开放有序、市场竞争充分、市场秩序规范，最大限度激发市场活力。

1.加快建立完善科学合理、平等规范、公开透明的准入标准

全面实施市场准入负面清单制度，在适度调整完善市场准入负面清单的基础上，研究制定各行业领域的市场准入标准细则，避免主管部门在准入审批环节的主观性、随意性。重点推动落实“非禁即入”，允许中外资服务企业依法平等进入负面清单以外的业务，特别是与服务业高质量发展相关的重点领域。减少审批事项，优化审批流程，规范审批行为。减少结构性政策，推行普惠性政策，建立平等、规范的市场准入和退出机制。加大服务业反垄断力度，除特殊规定外，各类服务领域对各种所有制企业开放，清理废除妨碍统一市场和公平竞争的各种规定和做法，促进服务和要素自由流动。探索完善跨境交付、境外消费、自然人移动等模式下服务贸易市场准入制度，逐步放宽或取消限制措施，有序推进对外开放。

2.大力破除社会资本进入的各类显性隐性障碍

推进统一开放、竞争有序的服务市场体系建设，需要打破地域分割、行业垄断和市场壁垒，禁止设置限制服务企业跨地区发展、服务跨地区供给的规定，营造权利平等、机会平等、规则平等的发展环境。服务业涵盖的行业众多，每个行业各具特点，需要有针对性地通过调研深入研究破除隐形障碍，并通过配套措施的落实保障分类政策的实施效果。“十四五”期间应对服务业领域现有审批和许可事项逐一深入论证，清理废除阻碍服务业发展的各种规定和做法，清理规范各类前置审批和事中事后管理事项，明确确需保留事项的审批主体、要件、程序和时限，并向社会公开。适度放宽相关的许可证制度，突破一些不利于服务业开放发展的无形的行政性垄断和区域壁垒，吸引社会资本发展专业化、高端化的生产性服务业，鼓励社会资本、境外资本依法依规以多种形式投资服务业。打破部门分割，对一些以备案、登记、行政确认、征求意见等为名的变相审批和许可事项，要尽快加以整改。着力打破现有条块分割的管理体制，重点推进准入方式、监管体制等方面的综合配套改革。降低企业经营成本，破除“准入不准营”和“准入不准盈”的障碍，鼓励市场主体获得合理的利润回报，健全非营利性医疗养老等机构出资人合理回报制度，对不能从事营利性经营活动的民办非企业单位，要采用约定奖励返还或合同规定的固定收益等方式允许出资人获得合理回报，充分释放服务业的发展潜力和活力。

3.总结推广自贸区和试点城市经验

充分发挥试点示范作用，深化服务业对外开放。借鉴自贸试验区、服务业扩大开放综合试点和深化服务贸易创新发展试点已经取得的开放发展经验，对照国家在各领域和各地最新开放改革举措，在试点地区先行先试并根据试点情况加大推广力度。加快复制推广自贸试验区制度创新成功经验，支持有条件的地区率先享受改革制度性成果。通过自由贸易试验区建设，在旅游、互联网、医疗健康、金融、会展等现代服务业对外开放方面进行先行先试，积极总结试点经验，推动现代服务业进一步开放。跟踪研究全国服务业扩大开放综合试点城市服务业的高质量发展情况，总结北京市科技、互联网信息、金融、教育、文化旅游、医疗、养老和专业服务等8个开放改革领域综合试点的经验和做法及重点领域推出的190项新举措的落地执行情况，开创探索与自贸区互为补充的城市服务业开放路径。深化服务贸易创新发展试点，适应服务贸易新模式新业态不断涌现的新趋势，探索与国际投资和贸易规则相衔接的制度体系，加快推动服务贸易发展，搭建多层次国际交流平台，深化服务业对外交往与合作，促进服务业高质量发展。发挥重点行业优势，积极推动电子商务、现代物流、工业设计、科技服务等行业走出去，增强其全球配置资源的能力，不断提升服务质量和技术水准。鼓励开展国际高端服务业交流活动，继续保持和提升服务业相关领域的话语权，积极开拓国际市场，深度参与国际分工合作。适时根据高质量发展的进展和要求，打造服务业制度创新试验高地。

（二）规范市场秩序，完善监管信用体系

服务业高质量发展在降低准入门槛、扩大对内对外开放引入竞争的同时，也需加快监管变革，通过宏观调控、公共服务、市场监管、社会管理等更好地发挥政府作用，创新管理模式和监管手段方法，构建统一高效、开放包容、多元共治的监管体系。

1.积极探索跨部门跨地区协同监管机制

从维护市场公平竞争出发、从维护广大消费者权益出发完善服务业监管机制，逐步建立与市场经济发展相适应，与体制机制改革相协调，系统完备、科学规范、运行有效的协同监管体系。积极探索跨部门跨地区协同监管机制，对市场秩序、市场环境、服务价格、服务质量进行综合监管，给服务业广大市场主体稳定的预期。在“十四五”时期逐步推动监管事项归集整合，探索建立发改、商务、海关、税务、外汇等部门信息共享、协同执法的服务业监管体系，形成综合监管与行业领域专业监管、社会协同监管分工协作、优势互补、相互促进的监管格局。打破市场分割和地方保护，构建跨部门跨地区协同监管机制，引导政府相关部门加强监管协作，促进服务业跨界融合监管的信息互换、监管互认、执法互助，重点加强全程协同监管。

针对传统监管模式存在的多头监管、重复检查、执法扰民等问题，在医疗健康、食品药品等群众关注度高的服务业领域，全面推行跨部门协同监管模式改革，实现监管行为协同、违法线索互联、监管标准互融、处理结果互认，变单一“纵向监管”为综合“横向监管”。完善国家企业信用信息公示系统的建设和管理工作，建立完善经营异常名录和“黑名单”，建成跨部门协同监管检查对象名录库和执法检查人员名录库，同步推进综合监管平台升级改造，突破协同监管面临的地域、时间等因素限制，实现政府主体责任落

实到位、部门履职尽责到位、协同监管实施到位、监管结果处置运用到位。除特殊规定外，禁止设置限制服务企业跨地区发展、服务跨地区供给的规定，纠正各种形式限制、歧视和排斥竞争的行为。

2.提升监管水平

进一步创新监管模式。建立服务业重点企业运行监测机制，创新事中事后监管举措。强化互联网、大数据、人工智能等为代表的新一代信息技术在监管中的应用。加强信息公开与共享，推动各地区、各部门网上政务服务平台标准化建设和互联互通，实现政务服务同一事项、同一标准、同一编码。对于服务业新产业、新业态、新模式坚持底线思维和审慎监管的原则，给予其发展成长“观察期”，既不一上来“管死”，又严守安全底线，包容创新试错，建立容错机制，包容处于发展初期的服务业新生业态。加快研究制定电子商务、互联网、大数据等服务业新业态、新模式的相关法律法规，按照国际惯例和通行法则健全服务业法律法规体系。适应以共享经济、人工智能、大数据等为代表的服务业新产业、新业态、新模式发展要求，充分发挥平台型企业的自我约束和行业（企业）自律的作用，建立健全“互联网+”、平台经济、分享经济等管理模式。探索由细则性、事后处罚式、行业归属性监管向触发式、事前指导式、功能性监管转变，并在分类监管、柔性执法、多元治理等方面探索创新。

3.充分发挥行业和社会监督作用

充分发挥行业协会作为行业中介组织在服务业监管中的作用，加强行业自律，依托服务业行业协会制定完善行业标准，逐项理清管理要求、判定标准和监管方法。“十四五”期间应增强行业协会有效管理和监督意识，并赋予行业协会监管管理的具体措施和制度政策，增加行业协会协同参与监管的工具手段。

加强社会诚信制度建设，完善社会信用体系和公民诚信体系，推进信用信息共享，打破数据孤岛，建立健全跨部门协同监管和联合惩戒机制，加大违法违规处罚力度，将事中事后监管落到实处，提高全社会诚信水平。

（三）培养高素质服务人才，强化人才资质管理

根据服务业高质量发展对人才的需求，利用国内外教育和培训资源，加快现代服务业人才培养培训与引进步伐，实施更积极、开放的人才政策，规范执业资格认证制度，有效地吸引、培育、用好服务业高素质人才。

1.构建适应服务业高质量发展的人才培养体系

优化人才培养模式，培育壮大复合型、创新型服务业人才队伍。适应现代服务业融合发展趋势，促进教育改革、事业单位改革与产业融合衔接配套，激发事业单位活力，提高教育服务质量和效率。鼓励高等院校和职业技术院校面向市场需求增设产业融合发展急需紧缺的专业，设置交叉学科，培养一批既懂生产制造，又具备商务知识；既掌握工艺技术，又熟悉服务流程的复合型人才。设立服务业高质量教学研究专项基金，探索建立以服务业创新为导向的人才培养机制，鼓励教师进行实践教学改革项目研究，培养高科技人才、专业技术人才。建立企业与高等院校联合培养人才的机制，建立相关领域应用人才实训基地，注重人才创新意识和创新能力培育，有针对性地培养掌握专门技术和专业知识的复合型人才。引导国内国外高端专业培训机构定向培训通晓国际商贸理念和规则、具有先进制造业背景的高级现代服务业商务人才。

2.实施更积极、开放的人才政策

破除妨碍高端服务人才社会性流动的体制机制弊端，改革完善人事制度，构建完善复合型、创新型人才引得进、留得住、流得动、用得好的政策体系。

建立服务业高端人才库，制定、完善人才吸引政策，广纳海内外优秀人才，特别是服务业高质量发展所必须的具有创新实践能力的各行业高层次高端领军人才，鉴于高端人才往往以大量的培养培训投入为支撑，积极探索对高端人才实行培养培训费用加计扣除政策，鼓励人力资本投资，促进人才结构升级。创新构建适应高质量发展的人才评价机制，研究制定复合型服务业高端人才职称评审绿色通道等政策，为产业融合、新兴业态等人才群体提供专场评审。在服务业重点领域建立完善国家认可的职业资格认证体系，完善实施细则。改革事业单位编制管理办法，建立与不同性质组织运作相适应的人力资源管理制度。鼓励公办医疗、养老等机构与从业人员实行弹性灵活、权责明确的聘用制度。打破制度障碍，完善职称评定、薪酬制度、社会保障等配套政策体系，促进医疗、教育等各领域人才有序自由流动。建立开放共享的高层次人才信息交流平台，通过联合办学、联办课程、参观互访、研讨交流等多种形式，加强复合型、创新型服务人才互动交流与合作。定期发布重点引才目录，实现人才供需信息的高效互通，为服务业高质量融合发展提供人才支撑。

（四）完善服务业质量标准体系，打造中国服务品牌

适应和改进服务质量监管方式，规范服务质量分级管理，加强质量诚信制度建设，完善服务质量社会监督平台，全面提升生产性服务业和生活性服务业品质，满足产业结构升级的要求和人民群众消费升级的需求。

1.建立完善服务质量标准体系

进一步健全服务业质量管理体系、质量监督体系和质量标准体系，制定和完善服务行业标准和规范，使得服务质量标准更能满足服务业高质量发展的需求并确保其适用性。坚持世界眼光、国际标准，推动国际国内服务标准

接轨，鼓励行业组织和企业制定并执行高于国家标准的行业标准或企业标准。以服务业标准化协调推进机制为依托，充分发挥行业协会作用，加强部门沟通，建立战略合作关系，联合推进服务业标准体系建立和完善工作。尽快研究制定《“十四五”国家服务业质量标准规划》，继续开展国家级服务业标准化试点，总结推广经验。

2.健全服务质量治理体系

强化企业主体责任，培育多元化、有活力、负责任的市场主体。加快建立现代法人治理结构，推动产权管理与业务管理分开，健全内部决策、执行与监督机制，依法独立开展经营活动。积极发挥社会监督作用，加快形成以质取胜、优胜劣汰、激励相容的良性发展机制。构建责任清晰、多元参与、依法监管的服务质量治理和促进体系。积极引入第三方调查机制，鼓励第三方服务质量调查。推广服务质量社会监督员制度，畅通消费者质量投诉举报渠道。支持行业协会商会加强质量自律，发布行业服务质量和安全报告。完善网络商品和服务的质量担保、损害赔偿、风险监控、网上抽查、源头追溯、属地查处、信用管理等制度。加强服务业高质量发展指标体系和统计办法的研究工作，健全顾客满意度、万人投诉量等质量发展指标，适时建立地方政府服务业高质量发展绩效评价与考核机制。

3.打造中国服务品牌

充分发挥报刊、广播、电视、网络等媒体作用，加大宣传力度，积极营造全社会重视服务质量的良好氛围。支持行业组织联合地方政府开展服务品牌培育和塑造工作，加强服务品牌保护力度，依法严惩假冒伪劣行为。鼓励服务企业将服务质量作为立业之本，坚持质量第一、诚信经营，强化质量责任意识。鼓励企业积极运用新理念和新技术，推广应用先进质量管理体系和方法，提高服务质量。鼓励企业宣传、推广中国服务品牌，鼓励在研发、金融、商务服务等领域创建一批服务品牌，提升中国服务品牌的知名度。

参考文献

[1]Vault. 2020 Vault Consulting 50[EB/OL]. [2019-10-30]. https://www.vault.com/best-companies-to-work-for/consulting/vault-consulting-rankings-top-50?sRankID=248.

[2]毕吉耀、原倩：《当前世界经济形势及面临的主要风险》，《宏观经济管理》，2019年第2期。

[3]迟福林：《服务业市场全面开放需加快监管变革营造公平竞争的市场环境》，《财经界》，2019年第6期。

[4]冯迪凡：《IMF新总裁首秀：经济正同步放缓 应该加速行动》，2019年10月9日，https://baijiahao.baidu.com/s?id=1646871721657147495&wfr=spider&for=pc.

[5]国家信息中心：《中国共享经济发展年度报告(2019)》，2019年。

[6]姜长云：《服务业高质量发展的内涵界定与推进策略》，《改革》，2019年第6期。

[7]李策、彭纯：《金融业对外开放重大举措既有机遇也有挑战》，2018年6月25日，http://finance.sina.com.cn/roll/2018-06-25/doc-iheirxyf3687465.shtml.

[8]李忠心：《巨头垄断下的美国物流市场》，2018年3月5日，http://www.chinawuliu.com.cn/xsyj/201803/05/329128.shtml.

[9]刘冬：《服务业数字化是稳增就业的重要保证》，《北京日报》，2019年7月8日。

[10]任建安：《网络直播乱象的法律规制》，《长沙民政职业技术学院学报》，2018年第1期。

[11]宋雪莲：《多式联运量占全社会货运量不足3% 运输结构调整三年行动计划近期有望推出》，2018年9月14日，http://www.ceweekly.cn/2018/0914/234628.shtml.

[12]王佳元、李子文、洪群联：《推动服务业向高质量发展》，《宏观经济管理》，2018年第5期。

[13]郑林、李梦婷：《养老护理专业毕业生流失率高居不下》，《北京青年报》，2016年7月5日。

[14]朱平芳、王永水、李世奇、谢婼青：《新中国成立70年服务业发展与改革的历史进程、经验启示》，《数量经济技术经济研究》，2019年第8期。

第五章

“十四五”时期我国高技术和战略性新兴产业高质量发展研究

本章执笔：王　君　李红宇　郑腾飞　杨　威

内容摘要

高技术和战略性新兴产业发展环境发生深刻变化，新一轮科技革命和产业变革加速演进，全球产业分工格局将被重塑，全球范围内贸易摩擦加剧，发达国家对我国的技术封锁和打压将更加严苛，我国社会主要矛盾发生变化，经济发展进入高质量发展阶段。在此背景下，分析高技术和战略性新兴产业发展面临的主要制约以及未来实现高质量发展面临的挑战，提出“十四五”时期培育和促进高技术和战略性新兴产业发展的思路、路径、重点领域和相关政策取向的变动，旨在为“十四五”相关规划的编制提供决策参考。

当前，我国高技术和战略性新兴产业[①]发展环境发生深刻变化，新一轮科技革命和产业变革加速演进，全球产业分工格局将被重塑，全球范围内贸易摩擦加剧，发达国家对我国的技术封锁和打压将更加严苛，我国社会主要矛盾发生变化，经济发展进入高质量发展阶段，高质量发展外部压力日益增强。同时，从高技术和战略性新兴产业自身发展情况来看，“十三五”以来，我国高技术和战略性新兴产业取得了显著成效，但在技术、人才、资金、政策等方面存在一些突出问题，高质量发展的现实需求更加迫切。因此，“十四五”时期，应推动高技术和战略性新兴产业实现智能化、服务化、绿色化、高端化发展，塑造产业竞争新优势，为高质量发展提供安全高效的强有力支撑。

一、高技术和战略性新兴产业发展环境变化及高质量发展要求

（一）“十四五”时期高技术和战略性新兴产业发展环境分析

“十四五”时期，我国高技术和战略性新兴产业发展环境将会发生深刻变化，国际环境变化主要体现在全球产业分工格局重塑和贸易摩擦加剧导致的技术封锁，国内环境变化则主要体现在我国经济发展由高速发展阶段进入高质量发展阶段，对产业发展提出了更高的要求。

① 高技术产业主要分析高技术制造业，包括医药制造业，航空、航天器及设备制造业，电子及通信设备制造业，计算机及办公设备制造业，医疗仪器设备及仪器仪表制造业和信息化学品制造业；战略性新兴产业主要分析战略性新兴制造业，包括新一代信息技术、高端装备制造、新材料、生物、新能源汽车、新能源、节能环保等。

1.新一轮科技革命和产业变革加速演进，全球产业分工格局将被重塑

从世界科技革命和产业革命发展趋势看，人工智能、生物技术、量子通信等新技术正在积聚力量，以大数据、云计算、物联网等新一代信息技术为代表的新一轮科技革命正在全球范围蓬勃兴起，新业态、新模式、新产业不断涌现，同时新技术的快速发展和广泛应用对传统产业形成了巨大冲击，产业发展方式正在发生颠覆性、革命性的转变，正在引发新一轮的产业变革，对以往的市场领导者地位也将产生颠覆性的影响，全球产业分工格局进入重塑调整期。世界各国经济、科技、文化、安全等方面的力量对比也发生了新的变化，在全球格局呈现“东升西降”长期演变进程中，世界各国纷纷在全球分工格局重塑中谋求有利位势。2008年国际金融危机爆发后，欧美等发达国家开始认识到产业空心化的危害，开始向实体经济回归，加快实施“再工业化”战略，控制产业分工的高端环节，抢占21世纪先进制造业的制高点，重塑制造业竞争新优势；一些发展中国家和新兴经济体则加快推动产业结构升级，积极谋划发展，参与全球产业再分工，试图从资源和劳动密集型粗加工产业向资本和技术密集型精深加工产业转变，向产业链的高附加值环节攀升，全球产业链将被重构，国际竞争日趋激烈。新科技革命和产业变革为世界各国发展提供了重大战略机遇，高科技及相关产业领域更是成为国际竞争的焦点，关系到能否在全球分工格局重塑中抢占有利位势。

2.全球范围内贸易摩擦加剧，发达国家对我国的技术封锁和打压将更加严苛

从第一次工业革命以来，经济全球化不断深化，第二次工业革命催生第一次经济全球化浪潮，信息技术的应用和发展使全球联结成为一个“地球村”，目前人工智能、大数据等新一轮科技革命进一步推动了经济全球化的深入发展，经济全球化持续推进是不可逆转的历史大势。20世纪90年代以来，新兴市场国家和发展中国家成为新一轮经济全球化高潮的积极参与者，在全球产业链中占据了重要地位。全球经济格局重塑使得国际竞争日趋激烈，

2008年国际金融危机以来，保护主义不断抬头，逆全球化泛起。特别是近年来，美国采取单边主义做法，发起针对中国等国家的贸易战，全球贸易环境持续恶化，贸易摩擦加剧。从高技术和新兴产业发展来看，全球化发展特征显著，产业链、创新链都是全球化布局，国际分工合作十分紧密，我国高技术和战略性新兴产业的持续快速发展也得益于主动融入国际创新网络，越来越多的跨国企业将研发中心和制造中心向我国转移，我国创新能力不断提升，在5G、人工智能等领域发展更是引起了美国的恐慌。当前中美争端的性质已偏离贸易顺差和逆差的商业边界，而是贸易战掩盖下的科技战。从2018年制裁中兴开始，美国对我国企业特别是科技企业的制裁和打压也不断加大，2019年更是联合英日等国对华为进行了全面围剿，甚至延伸到了个人，美国实施的是贸易战、科技战“双线作战”战略。贸易环境的恶化使未来我国高技术和战略性新兴产业发展面临更为严苛的技术封锁，高技术企业可能会面临更为严厉的打压。

3.我国社会主要矛盾发生变化，经济发展进入高质量发展阶段

从国内环境看，我国社会主要矛盾已经转化为“人民日益增长的美好生活需要和不平衡不充分的发展之间的矛盾”。2017年党的十九大首次提出高质量发展的新表述，表明我国经济由高速增长阶段转向高质量发展阶段，开启了由“数量追赶”转向“质量追赶”的新阶段[①]，此后各项工作按照高质量发展要求统筹推进。从适应我国社会主要矛盾变化、发展质量的经济学含义、投入产出等方面分析，[②]高质量发展首先要满足高质量的需求，在微观层面要提高产品和服务的质量，我国虽然是第一制造大国，但还不在制造强国之列，在全球高端市场的占比不高，还无法满足人民的美好生活需求，高质量的产品和服务是经济高质量发展的基础；在中观层面体现在产业发展上，构

① 王一鸣：《按高质量发展要求推动经济持续健康发展》，《人民日报》，2018年2月12日07版。

② 王一鸣、陈昌盛等：《高质量发展》，中国发展出版社2018年版。

建高质量的现代产业体系和供给体系，增加高质量的产品和服务供给，提升产业链分工位势，促进我国产业迈向全球价值链中高端；在宏观层面就是要提高全要素生产率，推动经济发展效率的变革。同时，高质量发展是可持续的发展，贯彻绿色发展理念，形成绿色生产方式和生活方式。实现高质量发展的主要动力是由“要素驱动”转为“创新驱动”，主要途径是由“数量扩张”转向“结构优化”，经济高质量发展对产业发展提出了新的要求和思路，2018年12月，中央经济工作会议将推动制造业高质量发展列为2019年要抓好的首要重点工作任务。经过多年快速平稳发展，我国高技术和战略性新兴产业成为支撑高质量发展的重要力量①，要按照高质量发展要求加快促进产业的高质量发展，不断提高对经济高质量发展的支撑能力。

（二）高技术和战略性新兴产业高质量发展的内涵

对高技术和战略性新兴产业高质量发展内涵的分析要基于以下认识，一是对高技术和战略性新兴产业地位的认识，从全球产业分工格局重塑、全球产业链重构以及全球贸易摩擦方面分析，国际产业竞争的焦点领域是制造业，而高技术和战略性新兴产业是其中提供中高端产品、技术和服务的领域，是国际产业竞争和大国博弈的制高点，从一年来不断升级的中美贸易摩擦中可以得到印证；二是对高技术和战略性新兴产业发展质量的认识，研究产业质量首先要理解质量的内涵，经济学、管理学等学科都从不同角度进行了内涵界定。根据质量管理专家从不同角度对质量进行的具体界定，质量就是产品对使用要求的适用性及满足程度，由于使用要求会受到使用时间、使用地点、使用对象、社会环境和市场竞争等因素的影响，因此质量是一个动态的、变化的、发展的、不是固定不变的概念，同时由于满足程度的多重性，质量还

① 陆娅楠：《战略性新兴产业　支撑高质量发展》，《人民日报》，2018年11月28日。

是一个涉及产品的性能、经济特性、服务特性、环境特性和心理特性等方面的综合的概念。综合这些质量内涵的界定，我们认为高技术和战略性新兴产业质量是指高技术和战略性新兴产业满足同时期经济社会发展要求的程度。

综上所述，高技术和战略性新兴产业高质量发展是要满足经济高质量发展和制造业高质量发展的要求，支撑和促进经济和制造业实现高质量发展，具体包括两个方面：一是产业自身的高质量发展；二是为传统产业高质量发展提供技术、产品和服务，为传统产业赋能，改造提升传统产业，就是要提高高技术和战略性新兴产业发展的活力、创新力、竞争力，引领带动和促进整体产业提高创新力和竞争力，具体体现在以下几个方面：

（1）提高高技术产品和服务质量。构建提供高科技含量和更高质量的产品、技术和服务的产业体系，更好地满足消费需求升级产生的智能终端、新能源汽车、文化创意产品等产品需求，提高人民对国产品牌的认可程度，并促进和创造潜在新型需求；更好地满足传统产业技术变革和优化的有效需求和潜在需求，促进传统产业的转型升级。

（2）提高关键核心技术的自主可控能力。我国虽然在部分高技术领域有并跑，甚至领跑的创新能力，但在大部分领域还有大量“卡脖子”技术。要加强基础研究，重视激励原始创新和核心技术研发，加快掌握高技术和战略性新兴产业领域的关键共性技术、前沿引领技术、现代工程技术、颠覆性技术，实现关键核心技术自主可控，才能牢牢掌握创新主动权、发展主动权，在未来竞争中才不会受制于人。

（3）提高技术、资本、人才等要素收益率。根据科技创新、成果应用及新兴业态和模式发展的需要，深化体制机制改革创新，强化软硬件环境建设，促进创新链、产业链、资金链深度融合，形成更加有效的要素配置环境，促进资金利润率、工资待遇、技术价格、企业家报酬的提高，提高创新效益预期，降低创新风险，提高高技术和战略性新兴产业对高端要素的集聚力，加快创新发展。

(4) 提高可持续发展能力。贯彻落实绿色发展理念，加快形成绿色的生产方式、消费方式，严控污染物排放总量，实行最严格的生态环境保护制度，强化环境标准、总量控制等环境保护倒逼机制，加快高耗能、高排放生产环节的技术改造，推进资源节约和循环发展，提高资源综合利用效率和节约集约利用水平。

(5) 提高国际化发展能力。把握经济全球化和新兴产业全球化布局的新特点，充分利用两个市场两种资源，积极探索合作新模式，更深入地融入全球创新网络，营造有利于战略性新兴产业国际化发展的良好环境，完善支撑保障体系，加强供应链管理，提升产业链水平和全球价值链分工位势，进而提高产业自主发展能力与核心竞争力。

(6) 提高质量的基础上保持数量平稳增长。我国经济高质量发展从发展路径上看是要从“规模扩张”转向“结构优化”，从生产技术含量低、附加值低的产品向生产高新技术产品转变，推动产业迈向中高端水平。高技术和战略性新兴产业是新动能培育的重要载体和关键动力，产业发展质量高于总体水平，在保证提高质量的基础上要保持平稳适度的规模扩张，以支撑经济高质量发展转向结构优化。

二、我国高技术和战略性新兴产业实现高质量发展现状及主要问题

(一) 高技术和战略性新兴产业发展现状

近年来，我国高技术和战略性新兴产业继续保持相对较高的增速和增长态势，经济效益不断提升，创新发展步伐加快，区域布局逐步优化，成为支

撑经济平稳健康可持续发展的关键力量。

1.规模保持较快增长，对国民经济带动作用增强

“十三五”以来，我国高技术和战略性新兴产业保持较快增长，对经济增长的贡献率不断增加，成为支撑经济平稳健康可持续发展的关键力量。高技术和战略性新兴产业保持较快发展，占规模以上工业比重不断提升，2019年我国战略性新兴产业工业增加值同比增长8.4%，增速高于规模以上工业3.1个百分点；高技术制造业增加值增长8.8%，比规模以上工业增速高5.6个百分点，占规模以上工业增加值的比重为14.4%，比2016年比重提高了2个百分点（见图5–1）。从具体领域来看，以数字化、网络化、智能化为特征的信息技术革命正蓬勃兴起，人工智能、大数据、工业物联网等新兴领域融合发展快速推进，为我国高质量发展注入了新力量。如我国人工智能产业规模逐步壮大，产业链条正在形成，核心基础技术持续突破，边缘智能加速应用布局，融合应用水平大幅拓展，智能经济形态雏形初现，在打造高质量的现代经济体系、促进社会进步等方面发挥着越来越重要的作用。

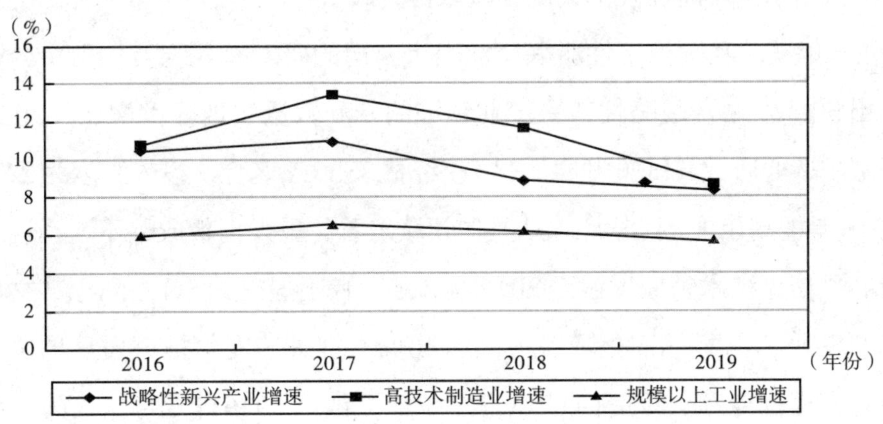

图5–1　我国高技术和战略性新兴产业增速比较

2.盈利能力逐步增强，运行质量进一步提升

从高技术制造业来看，2018年我国高技术制造业实现利润总额10293亿元，比2015年增长14.5%；高技术制造业利润总额与主营业务收入之比为6.5%。从战略性新兴产业来看，2017年我国新材料和高端装备制造业利润增长较快，同比分别增长29.9%和28.1%，高于全部规模以上工业利润6.1%和5.3%；战略性新兴产业成为创业板上市公司利润高速增长的重要动力，2017年除乐视网外，我国418家创业板战略性新兴产业上市公司净利润同比增长21.5%，新能源汽车领域企业净利润更是实现95.4%超高速增长，业绩增幅远超板块整体水平。从具体行业来看，2017年，电子信息制造业利润比2016年增长22.9%，增速比2016年提高10.1个百分点；主营业务收入利润率为5.16%，比2016年提高0.41个百分点；每百元资产实现的主营业务收入为131.4元，比2016年增加7.3元；人均实现主营业务收入为119.8万元，比2016年增加11.2万元；资产负债率为57.3%，比2016年下降0.2个百分点。

3.技术水平不断提升，关键领域取得突破

近5年来，我国战略性新兴产业上市公司的研发投入强度比上市公司总体高出50%左右，战略性新兴产业领域的专利数量实现翻番增长。2018年高技术制造业研究与试验发展（R&D）经费3559.1亿元，投入强度为2.3%，比2016年提高0.4个百分点。从具体领域来看，重大创新成果不断涌现。如在新一代信息技术领域，截至2018年3月，我国提交的5G国际标准文稿占全球的32%，主导标准化项目占比达40%，推进速度、推进质量均位居世界前列；根据专利分析厂商IPLytics统计，截至2019年3月，我国厂商申请了全球34%的5G主要专利，韩国厂商申请了25%，美国和芬兰厂商各占14%；以“飞腾”“申威”“龙芯”为代表的通用CPU研发与生产取得了重大进展，形成了从超算、高端服务器、桌面计算机到嵌入式设备的支持能力。

在高端装备领域，大飞机C919研制进展顺利，2019年C919大型客机104架机成功完成首次试验飞行，实现了国产大型客机领域的突破；强流质子回旋加速器技术指标和性能基本达到了国际水平，使我国成为少数几个拥有新一代放射性核束加速器的国家。生物医药实现重大突破，全球首个抗艾滋病长效融合抑制剂获批上市，原创抗阿尔茨海默症新药进入上市申请，独立研发、具有完全知识产权的“重组埃博拉病毒病疫苗”在全球首家获批，突破了病毒载体疫苗冻干制剂的技术瓶颈。

4.区域布局逐步优化，向沿海经济发达地区集聚趋势明显

从我国区域发展态势来看，东部经济发达地区及中心城市创新实力雄厚，产业基础较好，人才集中，高技术和战略性新兴产业布局较为集聚。如从企业空间分布来看，广东省高技术企业数量在全国位居第一，达到39451家，占全国的37.6%，江苏、北京、浙江、上海和山东等沿海省市紧随其后，上述6个沿海省市高技术企业数量共74029家，占全国的70.5%。具体来看，东部地区作为高技术和战略性新兴产业主体保持快速增长态势，不但引领地区产业高质量发展，对全国高技术和战略性新兴产业发展起到重要的辐射带动作用。如深圳2018年战略性新兴产业增加值合计9155.2亿元，同比增长9.1%，占地区生产总值比重37.8%，已经成为深圳经济新支柱；其中，新一代信息技术产业增加值4772.0亿元，增长10.9%；数字经济产业增加值1240.7亿元，增长3.8%；高端装备制造产业增加值1065.8亿元，增长10.7%。上海市2018年战略性新兴产业增加值5461.9亿元，同比增长8.2%；占生产总值的比重为16.7%，比2017年提高0.3个百分点；全年节能环保、新一代信息技术、生物、高端装备、新能源、新能源汽车、新材料等工业战略性新兴产业完成工业总产值10659.9亿元，同比增长3.8%，增速快于规模以上工业总产值2.4个百分点，占全市规模以上工业总产值比重达30.6%。

（二）高质量发展面临的主要制约及挑战

“十三五”以来，我国高技术和战略性新兴产业取得了显著成效，但在技术、人才、资金、政策等方面也存在着一些棘手问题，特别是在新的外部环境形势下，部分问题造成的影响更加突出，亟待破解。

1.自主创新能力不足，关键核心环节等受制于人

我国高技术和战略性新兴产业关键核心环节受制于人问题依然未能有效突破，关键核心技术创新能力同国际先进水平相比仍存在较大差距。特别是从中美贸易战来看，关键核心技术受制于人是我国高技术和战略性新兴产业最大的隐患，突出表现在：产业尚有大量核心瓶颈环节有待突破，核心基础零部件、先进基础工艺、关键基础材料等产业基础能力薄弱。从科技日报梳理的29项“卡脖子”技术看，我国高端装备、集成电路、基础软件等领域都存在产业安全风险隐患，供应链安全也得不到保障。重点领域核心技术受制于人的局面仍未从根本上得到扭转，航空发动机、高端数控机床等战略高技术领域核心技术和装备严重依赖进口，高端芯片、基础软件等国产化比例很低，这些都给国家信息和经济安全带来严重隐患。特别是由于关键核心技术易受制于人，在美国进一步加大对我国技术和商品出口管制的背景下，一些企业“卡脖子”瓶颈问题更加显现。据深圳邦彦、广州汇智通信等调研企业反映，受中美贸易摩擦影响，由于基础平台、关键设备等受制于国外，加之部分进口器件难以国产化替代，企业生产经营压力巨大。

2.人才培育引进问题突出，难以满足产业发展需求

当前我国人才培育引进体系尚不完善，尚不能有效支撑高技术和战略性新兴产业发展需要。一方面，领军创新人才缺乏。据科睿唯安2018年度“高被引科学家”名单显示，我国世界一流科学家数量为482人次，远低于美国（2639人次）。另一方面，高技能人才短缺问题比较严重。人力资源市场技术工人供不应求，高技能人才严重匮乏，技师、高级技师缺口巨大。电子信息领域，现有高级人才占全行业专业技术人员比例仅有0.14%；技师、高级技师占技术工人比例为3.2%，而发达国家一般为20%—40%；同时技能人才分布也不合理，绝大部分的技能人才都集中在高校、科研院所或政府部门，仅有10%左右的高层次人才分布在各类企业中。集成电路技术人才短缺，特别是集成电路高端设计人才紧缺的状况并没有得到很好改善。根据工信部《中国集成电路产业人才白皮书（2018—2019）》显示，截止到2018年底，我国集成电路产业从业人员规模约为46.1万人，其中设计业16.0万人，制造业14.4万人，封测业15.7万人，半导体设备和材料业3.9万人。预计至2021年，我国仍然存在26.1万人的缺口。数字创意产业正处于高速发展时期，企业人才缺口逐渐扩大，特别是原创人才、高端、复合型人才匮乏，结构性短缺，已成为制约产业快速发展的瓶颈。

3.金融支撑体系亟待完善，企业资金压力加大

“融资难、融资贵”是高技术和战略性新兴产业长期面临的老大难问题。总体来看，国内金融市场“脱实向虚”现象严重，大量金融资金停留在金融系统内空转套利，导致金融市场对高技术和战略性新兴产业等实体经济支持不足。一方面，银行难以满足高技术和战略性新兴产业技术创新投入。特别是对于处于创业期的高技术企业，大部分企业具有轻资产、风险高等特点，信贷担保资源不足，难以获得银行资金支持。另外，资本市场层次不够丰富，大量具有良好发展前景的高技术企业通过中小板和创业板上市难度较大，股权融资的渠道受阻。由于受信息不对称程度高、投资不确定性大等方面的因素影响，大量具有技术创新能力和高成长潜力的高技术中小企业依然无法获得资本市场青睐。如国内资本仍存在早期介入能力不强、过分追求短期套利等问题，易导致无法及时为技术研发投入大、市场拓展成本高的人工智能基础领域提供支持。此外，受中美经贸摩擦影响，目前部分高技术企业采购成本上涨和财务成本提升，融资成本过高，面临资金链断裂的可能性加大。如广东省一家信息技术领域的企业反映，受中美贸易摩擦影响，企业涉及加征关税的物料共计962种，导致价格至少上涨25%，并且采购周期明显延长，经营资金压力骤增。

4.制度供给有待优化，政策法规环境需持续完善

“十三五”以来，我国陆续出台了一系列政策法规，有效推动了高技术和战略性新兴产业发展，但总体来看，产业发展的政策法规环境亟待完善。如商业航天领域，进入门槛高、管制多问题突出，资格和许可审批程序繁杂，民营企业和社会资本参与的深度和广度十分有限。同时，对于商业运载火箭研制、商业卫星发射、小卫星管理、导航卫星应用等诸多重要事项缺少完整明确的法律法规予以推动发展，空间立法落后于民用航天事业迅速发展的程度和实际需求。通用航空领域，与全国通用航空机场建设的热潮相比，我国通用航空市场开放程度不高，改革进展缓慢，通用航空发展面临着“机场遍地开花，却难以飞上天的窘境”。国内低空通航申请依然实行“一事一议”模式，审批难度大、周期长、协调难度大、报批情况难以把控；因不可抗力临时取消飞行时有发生。如在工业机器人领域，我国缺乏标准化的工业机器人共性关键指标检测方法及系统，同时也缺少专业的第三方检测机构对工业机器人的性能指标进行检测，由于缺乏行业标准和认证规范，导致自主品牌的工业机器人产品质量落后，产需对接过程中矛盾突出，质低价廉的恶性竞争频繁，严重制约了国内机器人产业自主创新能力提升。我国针对人工智能技术和产业发展的法律法规研究刚刚启动，尚未在人工智能法治保障、信息安全以及伦理道德研究、风险审查机制等保障人工智能产业长期发展的政策法规、安全规范和伦理道德框架方面展开试点。

5.协同创新不够紧密，产业创新生态尚未形成

高技术和战略性新兴产业领域产学研、上下游之间合作不够，创新生态体系建设和发展滞后。如在人工智能领域，我国虽拥有众多企业，但尚未形成协同联动的完整生态体系，因缺乏有带动力的龙头企业，大量中小微企业独立作战，协同发展态势很难形成。国内外人工智能企业间交流合作和资源对接力度不足，大多处于各自为战的状态，尚未形成互动密切、共赢共生的生态体系氛围。区域内尚缺具有较强行业号召力的协会、联盟等行业组织，在资源对接方面存在时滞和盲区。在工业互联网领域，和国外开源架构相对成熟的开源生态相比，我国平台自主研发架构尚未建立开源生态，对开发者的“黏性”不强，这会影响到第三方开发者在平台上的快速汇聚，导致我国工业互联网平台开发者社区建设缓慢；跨行业跨领域生态体系构建能力薄弱，国内缺乏产业巨头，一方面尚不具备整合控制系统、通信协议、生产装备、执行系统、管理工具、专业软件和平台建设等各类资源的能力；另一方面也不具备集业务流程咨询、软件部署实施、平台二次开发、功能上线调试、人才管理培训和系统运行维护等于一体的综合能力。在大数据领域，我国关键数据技术的创新和开源生态建设方面还处于跟随状态，缺乏构建产业生态的技术实力；国内无论是在新型计算平台、分布式计算架构，还是在大数据处理、分析和呈现方面均与国外存在较大差距，难以支撑大数据产业链的构建；大数据在各行业的应用范围仍不广、应用层次仍不深，对行业数字转型支撑能力仍有待提升。

三、“十四五”时期我国高技术和战略性新兴产业实现高质量发展的总体思路及路径

（一）总体思路

坚持以习近平新时代中国特色社会主义思想为指导，全面贯彻党的十九

大和十九届二中、三中全会精神，落实“创新、协调、绿色、开放、共享”新发展理念，发挥市场机制作用与政府能动作用相结合，紧抓全球产业分工格局重塑和产业链重构的重大战略机遇，坚持以供给侧结构性改革为主线，以产业转型升级和消费升级需求为牵引，以提高技术、产品和服务等在内的供给体系质量为主攻方向，破解制约高质量发展的瓶颈性问题，加强政产学研金服用协同合作，促进创新链、产业链和资金链的深度融合，加强新型创新基础设施、产业创新生态体系和发展环境支撑体系建设，培育一批自主创新能力高、有国际影响力的高科技企业和世界级新兴产业集群，促进产业基础高级化和产业链现代化，提高要素配置效率、生产创新效率、市场组织效率，实现关键核心技术的自主可控，推动高技术和战略性新兴产业实现智能化、服务化、绿色化、高端化发展，塑造产业竞争新优势，提升全球价值链分工位势，保障产业安全，探索实现创新驱动的产业发展路径，增强新兴技术赋能传统产业的宽度、深度和精度，有力推进制造强国建设，促进提高经济发展的活力、创新力、竞争力，为高质量发展提供安全高效的强有力支撑。

（二）发展原则及路径

——尊重和发挥市场机制的决定性作用。明确和落实竞争政策的基础性地位，营造公平竞争的市场环境，搭建良好的交易平台，改革优化制度体系和管理体制，形成有效的市场机制，发挥市场对新产品新技术研发方向、技术路线选择及各类创新要素配置的决定性作用，提高市场组织效率和要素配置效率，促进创新要素的集聚。

——充分发挥政府的能动性作用。在尊重市场机制作用基础上，加强政府适时、适度对产业发展进行引导和调整。受历史文化等因素影响，国内市场对国产高新技术产品的认可度不高，要进一步拓宽培育自主创新产品市场的政策思路，发挥政府的能动作用，积极培育自主创新产品的初期市场，提高企业对创新收益的预期，有效激励创新。

——坚持需求牵引、问题导向。以产业升级和消费升级对新兴产品、技术和服务的需求为牵引，将应用环节纳入产业链，有针对性地开展新产品新技术的研发，提高创新效率，降低创新风险，并通过应用环节的使用反馈，不断提高新产品新技术对应用需求的适用满足程度。坚持问题导向，找准制约高技术和战略性新兴产业高质量发展的关键性、瓶颈性问题，有的施策，有效促进产业高质量发展。

——探索率先实现创新驱动发展道路。高质量发展的主要动力由要素驱动向创新驱动转变，科技创新和技术扩散为高质量发展提供了技术支撑，制约高质量发展的瓶颈就是创新能力不足。高技术和战略性新兴产业具有先导性，代表未来产业和技术的发展方向，对产业发展具有引领作用，要率先构建包括“技术创新—应用开发—市场应用—经验积累—技术成熟—更高层次再创新”的“创新生态链”，并形成良性循环，促进产学研用间的紧密协作，构建全产业链协同创新的产业生态体系，率先实现向创新驱动发展的转型。

——推动制造和服务的深度融合。高技术和战略性新兴产业是技术和知识密集型产业，国际贸易环境不断恶化，高技术和战略性新兴产业高质量发展要转向技术自主研发和面向国内市场，因此要构建包括研发、制造、销售、品牌建设等环节在内的全产业链，推动产业领域内制造环节和研发服务以及品牌营销服务环节深度融合，完成创新生态链高端的技术创新环节与下游的商品化产业化生产技术环节的链接，加快技术创新的商品化产业化进程，提升产业链水平，保障产业链安全，实现高质量发展。

四、“十四五”时期我国高技术和战略性新兴产业实现高质量发展的重点任务

（一）加强创新驱动，在关键核心技术形成领先的自主创新能力

——提高关键核心技术自主支撑能力。围绕高技术和战略性新兴产业重点领域，组织实施重大技术创新工程。瞄准世界前沿、行业发展和转型急需共性技术，通过自主创新、引进创新、集成创新，加大关键核心技术的研发、攻关、储备力度，持续开展面向产业应用的关键性、瓶颈性和产业共性技术的联合攻关，形成强有力的技术支撑。创新发展新一代信息技术产业，紧跟网络强国、“互联网+”、大数据等国家战略，重点推进网络基础设施、高端整机、核心应用软件、物联网等核心技术的开发、应用及产业化，着力推动集成电路、新型显示、智能语音、智能终端、软件和信息服务等产业发展壮大。加快发展生物产业，瞄准生物技术、基因工程等前沿技术方向，大力发展生物医药、生物医学工程、生物农业、生物制造等产业，着力构建生物医药新体系，推动医疗器械向高端迈进，积极发展智慧健康产业，不断提升生物农业和生物制造规模化发展水平。加快发展新材料产业，顺应新材料高性能化、多功能化、智能化、绿色化的发展趋势，围绕优势领域，集中优势资源，进一步突破关键技术，发展高端产品，着力提高新材料的应用水平，构建支撑高端装备制造和绿色发展，具有较强竞争力新材料产业体系。

——建设高水平的产业创新载体。加快布局重大科技基础设施和重大技术创新平台，加强产学研合作，因地制宜与高校、科研院所合作共建科技创新平台、基地或产业园区。支持大企业牵头组建一批优势互补、利益共享、风险共担的重大产业创新示范联盟，鼓励企业探索众创、众包、众扶、众筹“四众”开放式创新平台建设，推动高技术和战略性新兴产业前沿技术研究、

新商业模式推广和小微企业的孵化，形成骨干领军企业引领中小微企业创新发展的新机制。组织实施跨领域、跨区域重大技术研发及产业化协同创新工程。着力建设一批以优势骨干企业、产业集聚园区或创新型城市为载体的产业创新中心，整合建立行业关键共性技术协同创新平台、成果转移转化平台、创业孵化平台，建设完善产业创新平台体系，打造面向整个行业、具有较强影响力的产业创新平台。

——强化企业创新主体地位。大力培育企业主体，实施创新百强企业培育工程，鼓励企业开展技术创新、管理创新、商业模式创新，造就一批战略性新兴产业重点领域龙头骨干企业，发挥对重大技术研发、成果转化和产业化投入的支撑作用。引导中小微企业走“专精特新”的路子，聚焦战略性新兴产业细分领域深耕细作，研发掌握关键环节的高端技术，占领细分市场较大份额，成为行业“隐形冠军”“小巨人”。积极构建以企业为主体、吸收与开发相结合、生产与革新并举的技术创新模式；鼓励企业按照产品技术路线图进行渐进式创新，引导企业不断推进具备新功能和新用途的产品开发，不断推进新型生产工艺投入生产；支持有条件和实力的企业推进技术、产品、模式的跨越式创新。

（二）强化融合引领，推动要素资源共享

——促进“两化两业”深度融合。牢牢把握全球信息化和信息通信技术发展新趋势，通过加快“两化”融合技术突破促进“两化”高水平融合，引领全市工业转型升级。加快物联网试点推广，加快突破射频识别、传感器、智能通信与控制、海量数据处理等关键核心物联网技术，积极参与传感器、通信网、计算机的标准制订，加快形成海量数据收集、保存、通行、分类挖掘利用能力和云计算的处理能力；大力发展三维数字化技术，通过应用三维CAD/CAM等三维技术，创建数字化样机，促进装备、汽车、造船、电子、

模具等制造行业企业加速提升。着力推进企业“两业”融合，支持企业加快产品设计过程中的知识管理、全生命周期管理的信息及软件集成系统建设，支持企业在采购、供应、技术、生产、销售等各个环节建设信息管理系统。鼓励企业加强关键业务系统间的协同集成，实现企业部门之间的技术、物资等生产要素的集成管理和资源共享。鼓励以大型企业为中心，建立企业供应链管理信息化系统，联结上下游企业，实现企业之间因外购、外协需求建立的生产设计协同、服务协同及电子商务，有效促进上下游企业间的信息共享与集成；促进核心企业、协作企业、供应商和客户的企业集成制造系统集群的形成。着力推进重点行业和集群“两业”融合。根据行业发展特点和分类指导原则，制定不同的“两业”融合实现方案；支持一批“两业”融合重点项目，积极发展信息服务业；推进产品开发与设计、生产装备与流程、物流与供应链管理等的信息化，全面运用信息技术提升产业能力。发展和完善一批面向工业提供技术服务、信息服务、商务服务和物流服务的信息化服务平台，建设一批“两业”融合促进中心，初步建立起“两业”融合服务支撑体系。

——促进军民深度融合。培育一批军民融合重点骨干企业，推动融合载体建设，形成新质生产力。探索建立军民融合企业培育认定统计监测制度，遴选一批具有一定规模和良好成长性、自主创新能力强、市场前景好的军民融合企业，做大做强军民融合企业群体。鼓励军民融合企业加大创新投入，引导龙头企业有计划、持续地增加研发投入，开展新技术、新产品的研发攻关。进一步加强相关部门、系统间的沟通协作，明确主攻方向和时间表，制定循序渐进的军民通用标准发展规划，打破技术和利益壁垒，加快完善国家、军用和行业等标准体系，加快创新要素融合。要高度重视通用化、标准化、模块化在军民融合发展中的作用，通过上下贯通、交流共享、有序推进，从政策、制度、机制上推动军民标准兼容发展列为优先事项，促进技术标准的有效融合和实施，提高资源共享能力、融合发展能力。强化军方的创新引领和技术发现功能。健全军事需求生成机制，优化信息提报、发布和对接等环节，以军事需求牵引重点支持有核心竞争力、有重大战略意义、有显著军事和经济效益的项目。

（三）培育产业集群，推进特色产业基地建设

——加快发展产业组织新形态，培育高技术和战略性新兴产业特色集群。按照现代产业集群的要求，紧密围绕专业化协作配套体系建设，积极建设生产性服务业集聚区，加快发展专业化分工细、协作配套好、创新成本低、要素配置活的产业组织新形态。以核心技术和关键产品为中心，构建一批战略性新兴产业特色集群。抢抓5G、人工智能的领先技术和产业化进程，提升集成电路设计水平，加快物联网、计算机技术研发和应用示范，培育世界级电子信息产业集群。大力推进高档数控机床、工业机器人、3D打印发展，增强航空航天专用设备、海洋工程设备、轨道交通装备等原始创新能力，培育世界级高端装备产业集群。

——着力推动园区整合提升，纵深推进特色产业基地建设。深入研究国家级开发区、功能区的整合提升，有序推进开发区“园中园”建设，真正发挥“园中园”在技术、管理、营销、资本等领域的溢出效应；打造一批国别（地区）投资园区，开发一批特色工业园，建设一批现代生产性服务业产业园，逐步形成“一区多园”的新格局。支持地方政府对有条件的国家级经开区开发建设主体进行资产重组、股权结构调整优化，引入民营资本和外国投资者，开发运营特色产业园等园区，并在准入、投融资、服务便利化等方面给予支持。构建完善新材料产业体系，打造国内具有较大影响力的新材料特色产业基地。重点发展先进高分子材料、高端金属材料，鼓励发展新型化纤

功能材料、电子信息功能材料、碳纤维材料等先进功能材料，择机发展石墨烯材料、生物基材料、纳米材料、超材料等未来前沿新材料。培育新能源智能网联汽车产业集群，打造国内新能源网联汽车及零部件制造重点基地和汽车装备国家新型工业化示范基地。创新发展电机、变速器、动力电池、电控等核心部件及附加值高的汽车电子等高端零部件；探索开发新能源汽车智能化技术、无人驾驶技术，推动智能网联汽车发展。

（四）发展低碳产业，开创绿色发展新局面

——加快绿色生产技术的创新和应用。围绕大气污染防治、环境污染监测、清洁生产等重点领域开展关键技术攻关，推进高效节能核心装备和技术集成开发。加快高性能建筑节能材料、空气源热泵装置等高效节能装备开发。鼓励试点节能技术系统集成，推动燃煤锅炉节能环保改造、电机系统节能等重大关键节能技术与产品规模化应用。提升节能环保材料性能及应用水平，重点发展保温隔热材料、水基环保涂料等材料。加强技术开发，优化生产工艺，进一步提升产品性能，推进节能环保材料广泛应用。开发高性能储能材料，重点发展高能量密度及长循环寿命电池正负极材料、耐高温低电阻隔膜和高导电率电解液等锂离子电池关键材料，提升锂离子电池容量、安全性能与循环寿命。研发新型太阳能材料，发展硅基薄膜电池、晶硅电池和有机太阳能电池材料等新型光伏材料，提升材料光转化率，降低生产成本，实现规模化生产。

——培育发展绿色制造产业。大幅提升新能源汽车、新能源的应用比例，把握全球新能源汽车轻量化、智能化的科技发展趋势，推进新能源汽车发展。顺应新能源技术应用系统化、模块化、分布式方向，优化风能、太阳能布局，推动生物能的推广应用。推进风电高效利用，大力发展智能电网技术，加快

发展5兆瓦级以上风电机组、风电场智能化开发与运维。推动太阳能多元化规模化发展，加强新型太阳能电池技术研发，加速高效率低成本太阳能利用新技术、新材料、新产品产业化。推动分布式能源综合利用，加速融合储能、微网应用分布式能源发展，大力推动多能多补、协同优化的新能源综合开发。

（五）促进开放带动，全面提升开放发展水平

——加快资本、技术和人才等高端要素资源“引进来”。着力引进高端资本要素，创造有利条件，鼓励外商更多投资信息技术、高端装备制造、人工智能等新兴产业。聚焦产业链、价值链高端，紧盯世界500强企业和行业龙头企业，组织开展境外招商系列活动，着力引进一批重大产业项目。引进海外研发机构在我国设立研发中心，促进引资、引技和引智相结合，高水平建设一批国际产业合作园。大力引进高端技术要素，积极引进国内外优质战略研发和总装集成项目，支持企业进口关键设备和引进先进技术，进一步提升技术消化能力。积极引进高端人才要素，重点吸引海内外创新型和拔尖人才、海外留学人员和具有先进管理经验的高素质人才，积极探索柔性人才引进方式，加强与海外留学生机构、国外人才密集特别是华人学者密集地区的联系，着眼于全球配置人才资源，在更大范围内利用人才。

——创新“走出去”方式，加快海外集群的建立及企业、产品“走出去”。瞄准境外战略性新兴产业优质资源，鼓励在海外特别是在发达国家建立工业园区、经贸合作区、产业集聚区等，带动企业“走出去”形成产业集群。推动建设海外新兴产业孵化器和基地，完善创新创业直通车运转机制，高效对接国际高端人才、先进技术和研发资源等创新要素。鼓励具有资金、技术、管理、品牌等优势的大型企业在全球范围内开展资源和价值链整合；

支持企业进行海外并购，实施基于产业链的业务、资源、品牌、技术的整合，提升企业跨国经营能力；鼓励企业到境外投资设厂，支持企业建立国际研发中心和营销网络，鼓励符合条件的企业境外上市。积极参加海内外知名展会，支持企业在境内外举办各种产品推介会，进一步密切与海交会等机构之间的联系，积极推进产品“走出去”。开展跨国并购和国际产能合作，获取海外品牌、先进技术、高端人才、营销网络等高端要素，提升企业国际化水平。

五、“十四五”时期我国促进高技术和战略性新兴产业实现高质量发展的政策取向

“十三五”时期我国又相继出台了一系列促进高技术和战略性新兴产业发展的政策文件，这些文件既有属于总体框架的文件，如《国务院关于强化实施创新驱动发展战略进一步推进大众创业万众创新深入发展的意见》《“十三五”国家战略性新兴产业发展规划》等，也有针对细分产业的，如《“十三五”生物产业发展规划》《新一代人工智能发展规划》《机器人产业发展规划（2016—2020年）》等，还有一些是对应专门事项的，如《关于深化审评审批制度改革鼓励药品医疗器械创新的意见》《关于促进首台（套）重大技术装备示范应用的意见》《战略性新兴产业重点产品和服务指导目录（2016版）》《国家产业创新中心建设工作指引（试行）》等，另外，一些与高技术和战略性新兴产业发展密切相关的落实相关法律、推进相关改革的文件也纷纷发布，有利的政策环境正在逐步形成。“十四五”时期，面对错综复杂的国内外形势，要进一步提升发展质量，更好地发挥经济社会发展新引擎作用，我国高技术和战略性新兴产业的相关政策还需要进一步完善，着重考虑从以

下几方面探索政策转型及加大改革力度。

（一）政策重心转向切实提升产业核心竞争力

高技术产业及战略性新兴产业要摒弃传统产业粗放式发展模式，搞大项目盲目扩大产能、按产量进行补贴、片面强调产值规模的产业基地建设方式等急功近利的做法都不可取，过分强调规模和速度的政策措施往往导致产业发展大而不强，因而不应再以各种优惠条件吸引企业从事低端制造环节的生产活动，而是要从提升产业核心竞争力的角度鼓励技术创新、提高质量与效益，走内涵式发展道路。应深入实施知识产权战略、标准化战略、质量强国战略，在高技术和战略新兴产业领域率先推动中国制造向中国创造转变、中国速度向中国质量转变、中国产品向中国品牌转变。要积极打造一批集研发、设计、制造于一体，具有核心竞争力的创新型领军企业，发挥企业在关键核心技术攻关中的主力军作用，集中各方力量突破“卡脖子”的技术、材料、装备，构建产业竞争新优势。

（二）鼓励加大创新投入前提下，更加注重改善创新要素质量、提升协同创新及资源共享水平

高技术和战略性新兴产业相比传统产业在技术、资金、人才等创新要素投入方面需要更高的持续投入，不仅要采取更有效的措施引导全社会加大创新投入，更要注重创新要素的质量与利用效率，核心技术要素要逐步摆脱对国外的依赖，资金要素投入要多元化满足创新不同阶段的需求，人力资源要素投入要从结构与素质等方面满足自主创新要求。要通过军民协同创新、产学研用协同创新、产业链协同创新、区域协同创新等形式，促进各方发挥各自优势、高效互动、形成自主创新合力。要围绕关键核心技术突破、产业共

性技术供给进一步优化整合布局产业技术创新公共平台，减少分散投入、重复投入。进一步加大国家重大科研基础设施、大型科研仪器和专利基础信息资源等向社会开放力度。鼓励利用互联网平台实现对研发、设计、管理、服务等环节创新资源的整合、开放与对接，以降低创新成本、提高创新效率。

（三）积极提升全球价值链地位，加快融入全球创新链

鼓励企业在高技术和战略性新兴领域布局全球产业生态体系，积极融入全球产业分工合作，制定更加便利、简化的措施，鼓励有条件的企业通过并购等各种途径，引进或投资研发、设计、营销、品牌等价值链优质资源，推动产业合作由加工制造环节为主向合作研发、联合设计、市场营销、品牌培育等高端环节延伸。面对日益严峻的科技竞争形势，仍要坚持开放式创新，以更加开放的姿态，加强国际科技交流合作。进一步提升对外开放水平，构建有利于海外人才、知识、技术和资本等创新资源顺畅流动的开放环境，提高对全球创新资源的吸引力。支持企业积极融入全球创新链，参与全球创新资源配置，鼓励企业在海外建立研发中心，按照国际规则并购、合资、参股国外创新型企业和研发机构，提高海外知识产权运营能力。要利用好G20、金砖国家、上合组织、“一带一路”等合作载体，探索全球科技开放合作新模式、新路径、新体制，有效利用全球创新资源。

（四）避免政策碎片化倾向，着力构建良好产业创新生态

由于我国战略性新兴产业的发展仍处于初级阶段，新技术和新产业不断融合发展，出现了许多新业态、新模式，现行的监管体制往往还不能适应新业态的发展要求，要做到既不限制创新，又避免监管缺位，还需要不断探索。要避免战略性新兴产业政策“碎片化”倾向（即不同的监管部门出台的政策

之间相互矛盾，政策重叠，政策体系不够完整，缺乏配套，政策属于应急反应式、缺乏稳定性等现象），应进一步加强顶层设计，完善政策协调机制、政策评估机制，更好地发挥普惠性、功能性政策在推进高技术和战略性新兴产业高质量发展中的作用。要进一步深化改革，着力构建良好产业创新生态。要进一步营造激励创新的公平竞争环境，切实加强知识产权保护，研究商业模式等新形态创新成果的知识产权保护办法。打破制约创新的行业垄断和市场分割，探索实施公平竞争审查制度。破除限制新技术新产品新商业模式发展的不合理准入障碍，强化产业技术政策的引导和监督作用，逐步形成统一权威、公开透明的市场准入标准体系。要进一步深化国企改革、科技体制改革、教育体制改革、投融资体制改革等，使产业链、创新链、资金链、教育链等有机结合，充分调动各类创新主体参与创新活动的积极性，大力营造宽容失败的创新氛围。凡是有利于高技术产业及战略性新兴产业高质量发展的试点经验加快向全国复制推广。

参考文献

[1]王一鸣：《按高质量发展要求推动经济持续健康发展》，《人民日报》，2018年2月12日07版。

[2]王一鸣、陈昌盛等：《高质量发展》，中国发展出版社2018年版。

[3]陆娅楠：《战略性新兴产业　支撑高质量发展》，《人民日报》，2018年11月28日。

[4]国务院发展研究中心课题组：《迈向高质量发展：战略与对策》，2017年。

[5]苗圩：《大力推动制造业高质量发展》，《机械工业标准化与质量》，2019年第5期，总第552期。

[6]何伟、屠晓杰：《加快推动我国战略性新兴产业高质量发展》，《信息通信技

术与政策》，2019年第6期。

[7]吕铁、刘丹：《我国制造业高质量发展的基本思路与举措》，《农村　农业　农民》，2019年第5期。

[8]牛珩、周建中：《海外引进高层次人才学科领域的定量分析与国际比较》，《科技管理研究》，2017年第6期。

[9]余仲华、朱志胜：《高层次人才发展困境探析》，《中国卫生人才》，2017年第1期。

[10]辜胜阻、吴华君、吴沁沁、余贤文：《创新驱动与核心技术突破是高质量发展的基石》，《中国软科学》，2018年第10期。

[11]程俊杰：《高质量发展背景下破解“创新困境”的双重机制》，《现代经济探讨》，2019年第3期。

[12]何伟、屠晓杰：《加快推动我国战略性新兴产业高质量发展》，《信息通信技术与政策》，2019年第6期。

[13]汪文祥：《积极推动战略性新兴产业高质量发展》，《全球化》，2019年第2期。

[14]韦结余、薛澜、周源、洪志生、王秀芹：《我国战略性新兴产业“政策碎片化”原因及对策分析》，《科技管理研究》，2017年第12期。

[15]吕薇、马名杰、戴建军等：《转型期我国创新发展的现状、问题及政策建议》，《中国软科学》，2018年第3期。

[16]赵志耘：《创新驱动发展：从需求端走向供给端》，《中国软科学》，2014年第8期。

[17]辜胜阻等：《资本市场功能视角下的企业创新发展研究》，《中国软科学》，2016年第11期。

[18]薛澜：《中国科技创新政策40年的回顾与反思》，《科学学研究》，2018年第12期。

[19]王春法：《培育科学文化建设世界科技强国》，《中国科学院院刊》，2017年第5期。

[20]穆荣平、樊永刚、文皓：《中国创新发展：迈向世界科技强国之路》，《中国科学院院刊》，2017年第5期。

第六章

“十四五”时期创新引领产业高质量发展研究

本章执笔：姜　江　邱　灵　曾智泽　程　都

内容提要

创新是产业高质量发展的第一动力，要客观全面分析党的十八大尤其是“十三五”以来，创新引领产业高质量发展的成绩、经验、“堵点”、“痛点”，辨明新时代创新引领产业高质量发展的规律和实现路径，明确“十四五”创新引领产业高质量发展的思路和总体部署，提出创新更好引领产业高质量发展的重大举措。“十四五”创新引领产业高质量发展要让创新成为企业发展的核心驱动力、产业竞争力提升的主要支撑力、高质量产业体系的重要黏合剂，着力强化基础研究和应用研究、加强关键核心技术突破、推进科技成果转移转化、营造科技创新生态环境等，强化创新在产业高质量发展中的引领作用。

一、“十三五”时期创新引领产业高质量发展成绩显著

“十三五”以来，我国创新投入力度持续加大，国家整体科技实力大幅提升，企业创新主体地位进一步增强，科技成果惠及产业竞争力效果明显，有力带动产业迈向高质量发展。

（一）整体科技实力大幅提升，产业高质量发展的基础更加坚实

“十三五”以来，我国进一步加大科技资源投入力度，优化科技资源配置，科技实力全球位势明显提升。一是研发投入总量和强度持续提高。2019年，我国全社会研发支出达到2.17万亿元，比2015年增长了52.8%，连续七年位居全球第二大研发支出国家，2018年研发强度达到2.19%，比2015年增长0.12个百分点，处于中等发达国家水平（见表6-1）。二是研发投入结构进一步优化。2018年企业研发支出占总研发支出比例达到77.4%，比2015年提升0.6个百分点，企业作为研发主体的地位基本巩固；基础研究支出比例达到5.5%，比2015年提升0.4个百分点。三是创新产出质量提升。2018年中国专利申请数量超过154万件，保持了世界第一的地位，并且超过排名第二和第三的美国及日本申请量的总和（见表6-2）。在高质量的PCT专

利方面，2019年中国申请量达到58990件，比2015年增长了97.7%，首次超过美国排名第一（见表6-3）。在科技论文方面，2018年中国科技人员发表的SCI期刊论文数量连续十年排名全球第二，紧随美国之后。国际科技论文被引用量首次超过德国、英国。四是科技人才不断向国内汇集。根据《中国海归人才吸引力报告》。2018年留学归国人员达到52万人，比2015年增长了近25%，其中30—40岁之间海归人才占归国人才的比例不断攀升。其中，人工智能、电子信息等重点领域的科技人才数量大幅增加。五是创新要素集聚效应日益加强。深圳及香港片区的科技集群实力位列全球第二，北京、上海分别排名第四和第十一位，成为具有全球影响力的科技创新中心。根据世界知识产权组织(WIPO)发布的《2019年全球创新指数》报告，我国创新实力全球排名上升至第14位，比2015年上升了15个位次，位居中等收入经济体首位。创新成果的日益丰富、创新要素的持续积累，为产业高质量发展提供了基础性保障和源源不断的生长力。

表6–1　　2010年以来我国全社会研发支出情况

年份	全社会研发支出（百亿元）	研发强度（%）	企业支出比例（%）	基础研究支出比例（%）
2010	70.63	1.76	73.42	4.59
2011	86.87	1.84	75.74	4.74
2012	102.98	1.98	76.15	4.84
2013	118.47	2.08	76.6	4.7
2014	130.16	2.05	77.3	4.7
2015	141.7	2.07	76.8	5.1
2016	156.77	2.11	77.5	5.2
2017	176.06	2.13	77.6	5.5
2018	196.78	2.19	77.4	5.5

资料来源：历年全国科技经费投入统计公报。

表6–2　　2015年以来部分国家专利申请量　　单位：件

国家/年份	2015	2016	2017	2018
中国	1114141	1338503	1381954	1542002
美国	589410	605571	606956	597141
日本	318721	318381	318479	313567
韩国	213694	208830	204775	209992
德国	66893	67899	67712	67898
法国	16300	16218	16247	16222
英国	22801	22059	22072	20941
印度	45658	45057	46582	50055

资料来源：WIPO IP Facts and Figures 2015—2019，不包含实用新型。

表6–3　　2015年以来部分国家PCT 专利申请数量　　单位：件

国家/年份	2015	2016	2017	2018	2019
美国	57131	56594	56319	56142	57840
日本	44053	45209	48206	49702	52660
中国	29838	43091	48875	53345	58990
韩国	14564	15555	15754	17014	19085
德国	18004	18307	18951	19883	19353
法国	8421	8210	7997	7914	—
英国	5290	5504	5568	5641	—
印度	1412	1528	1583	2013	—

资料来源：Patent Cooperation Treaty yearly review 2016—2019，wipo news。

（二）创新型企业快速成长，产业高质量发展的主体更具竞争力

持续创新的企业是产业高质量发展的主体力量，“十三五”以来一大批科技型中小企业成长迅速，一些综合实力强的企业更加注重在科技领域的布局，企业创新覆盖面也不断拓展，新科技浪潮中诞生的部分企业加速成长为行业

巨头。根据全球INS大会研究院及其联合机构发布的《2019年中国瞪羚企业数据报告》，2019年中国共有25057家高新技术企业入围瞪羚企业，其中制造业瞪羚企业数量高达9577家，占比38.22%；科学研究和技术服务业8170家，占比32.61%。柔宇科技、九天微星、翎客航天、上海联影等一系列创新企业在电子信息、航空航天、医疗装备等高科技领域取得了全球瞩目的成果。2018年，全国500强企业共投入研发费用9765亿元，比2015年增长了30%以上；平均研发强度达到1.60%，比2015年提升0.12个百分点。华为、腾讯、百度等一批科技型公司持续壮大，华为作为通信领域的全球引领者，研发投入占销售收入比重连年逾10%，2018年总收入规模达到7311亿元，有望在5G时代成为技术主导。腾讯公司市值超过3万亿港元，比2015年增长近50%。百度、京东等公司不断扩大创新布局，经营活动已经从传统的互联网领域向汽车、机器人、电子器件等实体行业渗透。阿里集团、平安集团等金融巨头不断强化科技转型，阿里集团确定了面向新零售、新金融、新制造、新技术和新能源的“五新战略”，收购各类科技型企业，总投资超千亿元。平安集团创立了多家新科技公司，打造了25个科技实验室和6大科技创新研究院，申请科技专利上万项。

（三）创新有力推动产业转型，产业高质量发展的动力更充足

“十三五”以来，传统产业与新科技、新模式结合更加紧密，产业结构得到优化，生产效率加速进步，有力推动了产业转型升级和质量提高。一是工业化与信息化融合度更高。根据《中国两化融合发展数据地图2019》，2019年我国工业和信息化融合率达到54.5%，比2015年提升4.9个百分点。工业企业数字化研发设计工具普及率与关键工序数控化率分别达到69.7%和49.7%，比2015年分别提高8.6个和4.3个百分点。二是产业发展更加依赖

于创新驱动。2019年，我国科技进步贡献率达到59.5%，比2015年提升了4.4个百分点，高技术制造业(8.8%)、装备制造业(6.7%)、战略性新兴产业(8.4%)增加值增速分别比规模以上工业总体增速高出3.1个、1个和2.7个百分点。2018年，中国500强企业中，共有396家企业申报了专利数据，比上年增加了14家，发明专利申请量同比增加17.4%。根据《中国企业创新调查报告2018》，创新活动带来的效益广泛体现，2017年我国规模以上工业企业共实现新产品销售收入19.2万亿元，比2015年增长34.2%，除了产品创新和工艺创新，组织模式创新也受到更多的重视。三是科技实力带来了产业国际话语权的提升。2018年，我国500强企业共参与了1905项国际标准制定，连续两年实现增长，其中电信服务业、家用电器制造、黑色冶金、轨道交通设备及零部件制造企业分别参与了949项、949项、127项、108项、103项，在国际产业链中的分工地位更加稳固，对产业发展的引领支撑能力有所增强。集成电路、工业机器人、汽车电池等多个行业获得突破性成果，破除了国际企业的长期垄断，拓展了产业发展空间，增强了对产业链的控制力。

（四）创新发展的制度环境不断提升，产业高质量发展的保障体系更加完善

“十三五”以来党中央和国务院持续优化创新发展的制度环境，强化顶层设计，出台系列政策文件，以更加优良的制度环境促进科技创新、推动产业发展（见表6-4）。一是优化决策机制。《国家创新驱动发展战略纲要》提出要建立国家高层次创新决策咨询机制，转变政府创新管理职能，合理定位政府和市场功能，建立创新治理的社会参与机制；《“十三五”国家科技创新规划》提出要加强科技高端智库建设，完善科技创新重大决策机制。二是夯实创新基础。《国家创新驱动发展战略纲要》提出，要加强面向国家战略需求的基础前沿和高技术研究，围绕涉及长远发展和国家安全的“卡脖子”

问题，加强基础研究前瞻布局，要大力支持自由探索的基础研究，面向科学前沿加强原始创新，力争在更多领域向引领世界科学研究方向上进行探索；《国务院关于全面加强基础科学研究的若干意见》提出要强化基础研究系统部署，优化国家科技计划基础研究支持体系，以改善基础学科薄弱、重大原创性成果缺乏的状况。三是改善激励机制。《促进科技成果转化法》提出将财政资金支持的科技成果知识产权下放给具有法人资格的科研事业单位，明确规定科技成果转化净收入中科技人员提取不低于50%的比例；《国务院关于优化科研管理提升科研绩效若干措施的通知》提出要对人才“帽子”“唯论文、唯职称、唯学历”等问题进行清理，建立以创新质量和贡献为导向的绩效评价体系，对承担国家关键领域核心技术攻关任务科研人员加大薪酬激励；《关于实行以增加知识价值为导向分配政策的若干意见》提出要推动形成体现增加知识价值的收入分配机制，扩大科研机构、高校收入分配自主权，进一步发挥科研项目资金的激励引导作用和允许科研人员和教师依法依规适度兼职兼薪。四是加速创新资源向创新高地汇集。中央支持上海建设具有全球影响科技创新中心，支持北京建设全国科技创新中心，在重大科技基础设施、优势领域重大战略项目和基础工程和科技创新制度全面创新改革方面对两个地区实行一定的政策倾斜。这些政策举措对创新活动实现了多方位、全流程的覆盖，有效完善了创新体系，促进了创新活动的持续繁荣，为以创新引领产业高质量发展提供了有力的政策保障。

表6–4　“十三五”以来创新发展有关政策列表

公布时间	政策名称	政策文号
2016年2月	国务院关于印发实施《中华人民共和国促进科技成果转化法》若干规定的通知	国发〔2016〕16号
2016年4月	国务院关于印发上海系统推进全面创新改革试验加快建设具有全球影响科技创新中心方案的通知	国发〔2016〕23号
2016年5月	中共中央　国务院印发《国家创新驱动发展战略纲要》	中发〔2016〕4号

续表

公布时间	政策名称	政策文号
2016年5月	国务院关于深化制造业与互联网融合发展的指导意见	国发〔2016〕28号
2016年5月	国务院关于印发2016年推进简政放权放管结合优化服务改革工作要点的通知	国发〔2016〕30号
2016年8月	国务院关于印发“十三五”国家科技创新规划的通知	国发〔2016〕43号
2016年9月	国务院关于印发北京加强全国科技创新中心建设总体方案的通知	国发〔2016〕52号
2016年11月	中共中央办公厅　国务院办公厅印发《关于实行以增加知识价值为导向分配政策的若干意见》	厅字〔2016〕35号
2017年2月	国务院办公厅关于促进开发区改革和创新发展的若干意见	国办发〔2017〕7号
2017年7月	国务院关于强化实施创新驱动发展战略进一步推进大众创业万众创新深入发展的意见	国发〔2017〕37号
2017年9月	国务院办公厅关于推广支持创新相关改革举措的通知	国办发〔2017〕80号
2018年1月	国务院关于全面加强基础科学研究的若干意见	国发〔2018〕4号
2018年3月	国务院关于印发积极牵头组织国际大科学计划和大科学工程方案的通知	国发〔2018〕5号
2018年7月	国务院关于优化科研管理提升科研绩效若干措施的通知	国发〔2018〕25号
2019年1月	国务院办公厅关于抓好赋予科研机构和人员更大自主权有关文件贯彻落实工作的通知	国办发〔2018〕127号
2020年1月	国务院办公厅关于支持国家级新区深化改革创新加快推动高质量发展的指导意见	国办发〔2019〕58号

资料来源：中国政府网。

二、创新引领产业高质量发展依然面临明显制约

与引领带动产业高质量发展的紧迫要求相比，我国创新发展仍然存在明显不足，突出表现为：重大成果偏少，协同创新能力有待提升，科技与经济结合不紧密，创新要素支撑不足，激励创新的体制机制和政策环境亟待完善等。

（一）原创性重大科技成果少，协同创新功效发挥有限

近年来我国科技创新成果众多，但具有重大影响力的创新成果少，各个产业领域的龙头企业在前沿创新和颠覆性创新方面仍然不足，引领产业国际化发展的能力有限。从创新链来看，企业原创性关键科技成果少，产业链关键环节的科技成果对发达国家依赖程度高。大多数行业还无法摆脱模仿式创新、跟随式发展的路径依赖，以企业为主体的创新驱动发展任重道远。协同研发力量薄弱也约束了创新活动与产业发展的结合。在目标协同方面，虽然各级政府出台政策支持企业参与研究制定技术创新规划、科技政策和标准，相关专家库中企业人员比例有所提升，但是政策覆盖面依然有限，调研中有不少企业反映，在参与科技研发规划、政策的咨询活动中获得感较弱。在技术协同创新方面，企业在产品和工艺方面选择独立创新的比例远远大于合作创新。根据历年《全国企业创新调查年鉴》的企业创新调查数据，企业独立创新的比例在“十三五”之前不到75%，而2017年提升到了80%；从企业选择合作伙伴的优先级来看，第一选择是上下游企业，而拥有大量科教资源的科研院所和高校还排在比较靠后的位置。

（二）科技与经济结合不紧密，创新要素与产业要素融合不足

我国创新要素与产业要素相互转化困难，相互支持力量不足。一是科技成果产业化效率低。根据国家知识产权局发布的《2019年中国专利调查报告》，2018年我国有效专利的产业化率仅为38.6%，较2014年和2016年有所下滑，其中企业拥有的有效专利实施率为46.0%，高校仅为2.7%，有一半的科研院所科技成果转化率不到10%。二是产业和创新链接平台活力不足。我国已建立146家产业技术创新联盟，作为组织企业和相关单位共建研

发平台、进行学术交流、制定技术标准、促进创新成果共享的平台，但只有30%的联盟处于比较活跃的状态，发挥的作用非常有限。三是金融对创新活动支持覆盖不全。银行、保险等传统大型金融机构受制于严格的风险控制制度，难以投入资金到收益难以预测的创新活动中去。风险投资资金总量庞大，但是结构性失调，对创新成果的孵化成长链条不能做到全面覆盖，对亟须资金的种子期创新企业投资意愿弱。融资担保、小额贷款等新兴金融机构数量众多但是规模较小，难以有效支持创新活动。三是高学历科技人才进入产业界比例低，分布不均衡。2017年，高等院校拥有的博士学位人数占全国比例为66.8%，而企业拥有的博士数量占比仅为10.4%，比“十三五”之前有所下降。从不同产业的创新人才分布看，我国电子信息产业和电器机械产业研发人员集中度高，2017年研发人员占规模以上工业企业R&D人员的比重分别达到15.5%和10.5%，而仪器仪表、金属冶炼、化学化纤等基础性行业研发人员占比不超过4%。

（三）创新生态建设“硬”强“软”弱，产业发展“软约束”掣肘明显

“十三五”以来，我国创新基础设施和人才培育方面投入不断加大，但是在法律法规、体制机制、政策匹配、市场规范等软环境建设方面还存在诸多短板，制约了良好创新生态的形成。一是现有创新管理部门分散、缺乏统筹协调，创新政策难以形成合力。例如为了促进创新协同性，相关部门积极推进科研设施与仪器向社会开放，但多数高价值设施和仪器属于享受免税政策的进口品，根据海关和税务部门相关政策，这些设施不允许“开放共享”，致使各科研单位陷入政策困境。二是要素成本高企阻碍了创新活动“开花结果”。基础设施健全、便利化程度高的大型城市是酝酿创新的重要土壤，但是近年来，大城市土地成本迅速攀升带动创新要素价格和商务成本上涨，导致

部分创新型企业谋划“逃离”创新资源集聚的中心城市，造成很多科技创新项目“开花多、结果少”。三是监管制度调整落后于新兴经济形态和产业的发展。创新带来的新型产业和经济形态爆发式成长要求原有的监管框架和监管思路进行适应性调整。但监管制度形成体系转变流程长，新制度形成速度缓慢，导致部分新产业和新经济受原有监管模式的不合理束缚，成长受到限制，还有部分新产业和新经济缺乏对应的监管制度，在野蛮生长过程中造成不良社会影响，也不利于其自身健康发展。

三、“十四五”时期创新引领产业高质量发展的思路和任务部署

近年来，全球创新链割裂和崩塌风险增加，美国持续施压力促中美科技“脱钩”，阻碍中美创新创业投资和科学技术交流，极大削弱了中美及中国与全球合作共赢的科技创新链条牢固性和韧性，前一段时期相对稳定、宽松的国际科技经济合作模式难以延续，这对我国融入全球创新生态圈带来消极影响。推动产业高质量发展，是“十四五”乃至未来中长期，我国确定产业发展目标、推动产业转型升级的根本要求。未来5年，是强化创新引领产业高质量发展的重要战略机遇期，要立足当前、着眼长远，扬长避短、攻坚克难，坚持创新带动、供需平衡、协调发展、生态保障、开放共赢，让创新成为企业发展的核心动力，高技术产业、战略性新兴产业竞争力大幅提升，传统制造业、农业、服务业产品附加值、技术含量、知识密集程度显著增强，大众创业万众创新的活力持续迸发，创新基础设施惠及产业提质增效明显，有利于企业汇聚技术、资金、人才等创新要素的体制机制和政策环境进一步完善。经过10年左右的努力，让高品质、高性价比的产品和服务能够满足人民日益增长的美好生活需要，产业发展走上创新为动力、协调为助力、绿色为制力、开

放为推力、共享为拉力的发展模式，一、二、三产业知识密集程度、产品及服务附加价值、全球产业分工格局地位等显著提升，助推我国由高速增长转向高质量发展阶段，助力决胜全面建成小康社会、实现中华民族伟大复兴的中国梦。

专栏1 创新引领产业高质量发展既是大势所趋、也是形势所迫

创新引领产业高质量发展是大势所趋。世界主要国家大力推动科技创新和新兴产业发展，重大颠覆性新技术、新产品、新业态不断涌现，创新引领带动产业高质量发展迈向更高层次和水平已时不我待。特别是2008年世界金融危机爆发以来，世界主要经济体纷纷出台新兴产业发展计划，明确了各自的科技和产业主攻方向，如美国陆续提出《重整美国制造业政策框架》（2009年）、《先进制造业国家战略计划》（2012年）、《美国创新战略》（2015年）、《美国人工智能倡议》（2019年）等，聚焦智慧地球、高技术清洁能源产业、生物工程产业、航空产业、电动汽车、工业互联网、人工智能等；日本陆续提出的《2010年经济产业政策重点》（2009年）、《日本振兴战略》（2013年，2014年修订）、《推进成长战略的方针》（2015年）等，聚焦新能源、环境技术、机器人、大数据、人工智能和物联网等；德国陆续推出的《德国高技术战略2020》（2010年）、《高科技战略2025》（2018年）、《国家工业战略2030》（2019年）等，聚焦工业4.0、3D打印、零排放智能化交通、新能源汽车、可再生能源、信息通信等；韩国陆续提出的《新增长动力规划及发展战略》（2009年）、《科学技术基本计划(2013—2017)》（2013年）、《科学技术基本计划(2018—2012)》（2018年）等，聚焦新兴信息技术产业、生物产业、能源与环境、新一代运输装备等。各主要国家之所以积极推动科技创新、培育新兴产业，一方面是为了早日从国际金融危机中走出；另一方面，也是更深层次的目的，是要在世界经济深度调整中抢占制高点。经过各主要国家最近十年左右时间的努力，物质结构、宇宙演化、生命起源、意识本质等基础科学领域正在或有望取得重大突破性进展，大数据、云计算、人工智能、3D打印、5G通信、新能源、新材料等前沿技术取得了重大突破，“互联网+”、共享经济、移动支付、区块链、“工业4.0”、跨界综合管理等新模式、新业态、新产业正在孕育或兴起，大规模定制生产和小型化、个性化、网络化协同制造以及基于消费者需求变化和动态感知的柔性化产业组织方式与商业模式正在形成。科技革命总是能够深刻改变世界发展格局。创新已成为世界主要国家实现经济再平衡的核心战略，更是引领带动我国产业高质量发展并迈向更高层次和水平的必然要求。

创新引领产业高质量发展是形势所迫。我国以引进成套设备为主建立起完备工业体系，以低端要素优势加入全球价值链、以出口为导向参与经济全球化，产业快速“从无到有”“从有到大”但创新动力和能力未同步提高。长期以来，由于外资企业对内资企业封锁核心技术、挤出技术创新，同时，发达经济体将作为创新水平标志、基础性关键共性技术的高精度CAX软件及系统视为“事关国家竞争力和国家安全的战略技术”对我国加以技术封锁和贸易禁运，加上内资企业对引进技术的消化吸收普遍不够重视，因而时至今日，我国制造业企业生产能力显著提高，但技术能力和技术创新能力没有明显提升，无论是新兴产业还是传统产业的发展，在关键装备、核心技术、高端产品、关键材料、高端芯片、高档数控机床、高端装备仪器、航空发动机等领域依然严重依赖进口。特别是自2008年国际金融危机以来，发达经济体纷纷“再工业化”，对传统产业和新兴产业“双管齐下”进行部署，如美国、欧盟、日本等发达经济体一方面加速推动“传统制造”向以人工智能、机器人和数字制造为核心的“智能制造”转变，力图重构全球制造业的竞争格局；另一方面大力部署发展数字化制造、新能源、下一代信息技术、生物、新材料、智能服务等新兴产业，旨在抢占新一轮国际经济技术竞争制高点。不难想象，机器人等的广泛采用，将使我国传统劳动密集型行业进一步丧失比较优势，而我国与发达经济体技术创新和产业发展的重点领域高度趋同，未来产业间的国际竞争将更加激烈。发达国家强化对华技术封锁和禁运、国际贸易保护主义抬头，产业竞争重新定位、国际分工重新洗牌，迫使我国强化创新加快引领带动产业高质量发展。此外，我国人民日益增长的美好生活需要和发展不平衡不充分的矛盾上升为社会主要矛盾，传统产业比较优势弱化、外延式发展道路不可持续，也倒逼创新引领带动产业高质量发展加快步伐。

（一）让创新成为企业发展的核心驱动力

要为企业这个创新的发动机持续添油加力，引导企业由以往偏向于垄断资源攫取、销售渠道占据、简单低端模仿创新等短期行为，向注重技术创新、服务和商业模式创新、管理运营机制创新的常态化转变。进一步加大对企业研发投入的加计扣除政策支持力度，引导政府专项资金、社会资本以多种方式支持企业创新。建设企业主导的高水平产学研合作机构，围绕急需产业化的重大科技产业前沿领域技术，建立主要项目由企业牵头组织承担的攻关团队，形成“企业为主导+科研院所和高校为主力+政府支持+开放合作”的组织模式，引导高端创新人才向企业集聚。进一步激发人民群众的创新创业活力，鼓励国企、民企、金融机构等以“双创周”、创新创业大赛等多种形式，在全社会弘扬创新文化和企业家创新精神。持续推进商事制度、市场准入制度改革，拓宽创业投资退出渠道，为大众创新创业降低制度门槛。

（二）让创新成为产业竞争力提升的主要支撑力

要让产业创新能力逐步取代产业规模效应、低成本竞争优势等成为产业竞争力提升的关键。进一步突出创新的主攻方向，加大力度发展绿色、健康、信息、能源等战略性产业以及知识技术密集型高技术产业，集中资源攻克“卡脖子”技术，谋篇布局开发前沿技术、基础技术，将战略性新兴产业作为供给侧结构性改革的重要方向，着力营造有利于新技术、新产品、新业态、新模式发展的良好生态环境。进一步强化创新引领制造业、农业等传统产业转型升级的作用，全面提升传统产业品牌效应和附加价值，构筑竞争新优势。大力支持制造业高端化、智能化、低碳化发展，完善制造业创新体系，加大对企业技术改造的支持，支持绿色清洁生产，推进传统制造业绿色改造，引导整个实体经济向更加清洁、节能和安全的方向发展，促进实体经济与科技创新、人力资源、现代金融密切结合。要大力促进网络、信息、生物、新材料等现代科技与文化、旅游、物流等服务业加快融合渗透，推动服务业向更高质量、更高水平发展。

（三）让创新成为高质量产业体系的重要黏合剂

要让创新理念贯穿于供需平衡、协调发展、生态保障、开放互利、共享共赢的高质量产业体系建设的方方面面。围绕实体经济、科技创新、现代金融、人力资源协同发展的产业体系建设要求，打通科技产业、科技经济结合的“最后一公里”障碍，持续完善有利于科技成果转化运营的体制机制和政策环境。着力营造有利于产业技术创新、商业模式创新的知识产权保护制度环境，强化知识产权保护的长效机制，深化司法为主导的知识产权保护体制机制改革，加大知识产权行政综合执法力度，探索建立知识产权侵权惩罚性赔偿制度。抓好金融领域重大改革攻坚部署落地实施，确保取得实质性突破、决定性进展，增强实体经济、产业界对改革的获得感。要完善适应生产经营活动的人才培养和引进制度，围绕建设高水平、复合型创新人才队伍目标，深入推动教育改革，加强创新创业教育，改革技术移民制度和人才评价机制。加快建立具有中国特色的现代大学制度，支持民办大学、职业技术大学发展，推进现代科研院所制度建设，形成符合创新规律、体现领域特色、实施分类管理的法人治理结构。

四、“十四五”时期创新引领产业高质量发展的重大举措

“十四五”时期，要紧紧围绕新形势、新要求，在强化基础研究和应用研究、加强关键核心技术突破、推进科技成果转移转化、营造科技创新生态环境等方面，加快实施四大战略举措，强化创新在产业高质量发展中的引领作用。

（一）强化基础研究和应用研究，夯实产业高质量发展的基石

基础研究和应用研究是创新引领产业高质量发展的重要基石，特别是基础研究决定一个国家科技创新的深度和广度，“卡脖子”问题根子在于基础研究薄弱。要瞄准我国创新引领产业高质量发展的关键制约，把基础研究和应用研究做扎实，使技术创新和产业发展站得住、站得稳、有根基。

一是完善以高校和科研院所为主导的基础研究和应用研究体系。科技创新突破需要广大科研人员心无旁骛、脚踏实地奋斗，要持续深化科技领域“放管服”改革，进一步破除对科研人员的束缚，使科研人员没有后顾之忧、潜心研究，做到“十年磨一剑”。要加快推进科研院所制度和大学制度改革，建立科学合理的薪酬制度、评价制度和能进能出的人事制度。加快完善科研项目管理评价、收益分配等制度，选择部分科研管理规范、科研成效显著、科研信用较好的高校和科研院所，开展科研项目经费使用“包干制”改革试点。要完善以国家实验室为引领的科技创新基地建设，力争在更多基础前沿领域引领世界科学方向，在更多战略性领域实现率先突破。要瞄准世界科技前沿，按照现代科研院所制度要求，布局建设一批国家重点实验室和科研机构，下决心打“持久战”，研发一批颠覆性原创科研成果。要在人工智能、

大数据、生命科学、先进能源等领域，组建一批新型科研机构，集聚一批全球顶尖人才和团队，加强基础研究、应用研究和前沿技术研究，形成一批具有全球影响力的重大科技成果。

二是引导企业增加基础研究和应用研究投入。我国基础研究主要靠政府投入，企业基础研究严重不足，随着国际竞争加剧，越来越多的企业创新需要基础研究和应用研究的支撑。要在各级政府加大对基础研究长期稳定支持力度的基础上，引导和鼓励企业多渠道参与基础研究和应用研究。要加强产学研合作平台建设，鼓励企业建立科学研究基金，支持高校和科研院所开展以需求为导向的基础研究，依托各自优势建立有效合作机制。要探索鼓励企业加大基础研究投入的政策，比如适当加大企业基础研究支出的所得税加计扣除比例，对企业大型科研设备投入实行消费型增值税制、进项税抵扣增值税等，鼓励有能力的企业增加基础研究投入。要建立国家科技计划信息平台，为企业开展基础研究提供信息支撑，鼓励企业参与国家重点研发计划、国家重大科技专项等国家各类基础性研究计划和应用基础研究项目。要鼓励和支持企业参与高校和科研院所的基础研究成果应用转化研究，促进企业更好地应用基础研究成果。要加强企业基础研究人才队伍建设，探索企业基础研究人员职称评定办法，让企业基础研究人才像高校和科研院所一样进行职称评定、申请基础研究项目，促进基础研究人才在高校、科研院所和企业之间合理流动。

（二）加强关键核心技术突破，突破产业高质量发展的掣肘

新一轮科技革命和产业变革正在孕育兴起，一些重要科学问题和关键核心技术呈现出革命性突破的先兆，要面向经济社会发展主战场，以培育具有核心竞争力的主导产业为主攻方向，在“卡脖子”等关键领域下大功夫，突

破制约产业优化升级的关键核心技术，为转变经济发展方式和调整产业结构提供有力支撑。

一是集中资源推动重点领域关键核心技术突破。要面向科技前沿领域、战略性领域以及掣肘产业转型升级的关键节点，在整合现有国家重大科技专项、国家重大科技项目的基础上，进一步突出重点，完善实施机制，研究制定“国家重大技术清单”，明确发展路线图、时间表和相应的技术经济政策支持措施。要创新国家重大技术项目组织实施的机制和模式，对近期需要实现产业化的重大技术，具体实施中由企业牵头组织承担，集中力量打“歼灭战”。对需要长周期持续投入的前沿重大技术研究，可以考虑以新的机制和模式组建若干国家级研究中心、产业创新中心、技术创新中心，把不同专业领域的相关科学家、技术专家集聚起来，实现集成创新和协同创新。要建立健全有效解决重大技术发展争议的评估和决策机制，加强技术标准和相关法律法规的制定工作，制定针对性、操作性和突破性更强的经济政策。

二是组织实施重点领域创新发展行动计划。要围绕《国家创新驱动发展战略纲要》中关于“主要产业进入全球价值链中高端”的战略目标，加快落实“推动产业技术体系创新”的相关任务部署，加快制定实施一批重点产业创新发展行动计划。要突出创新引领带动产业高质量发展的的主攻方向，由前期聚焦于高技术产业、战略性新兴产业的创新发展，向创新驱动传统产业转型升级、服务业跨越发展以及高技术产业、战略性产业、新兴产业加快发展等多个方向并行拓展。选择生物、新能源、信息、汽车、钢铁、石化、轻工、纺织、文化、旅游等若干行业，制定创新驱动发展专项规划，明确创新驱动发展转型的路线图和时间表，着力解决制约产业创新发展的体制、关键核心技术等问题，制定切实的政策保障措施。要以体制机制改革全面激发各类所有制主体的创新活力，切实推动国有经济、民营经济、外资经济实现创新驱动转型发展，着力营造有利于新技术、新产品、新业态、新模式发展的良好生态环境。

三是着力构建国际一流的创新创业基础设施。要加大面向国家战略需求的重大前沿尖端领域技术攻关力度，整合资源建设一批支撑高水平创新的基础设施和重大平台。第一，加快信息、健康、能源环境等重大基础设施建设。推动落实“宽带中国”战略和《信息基础设施重大工程建设三年行动方案》。大力推进信息等重大网络工程建设，引入合理竞争机制推动信息消费价格下降。布局建设统一开放的国家大数据中心体系、国家基因库、能源环境研发及检验检测中心等，推进数据资源共享、电子政务、健康、能源环境等重大工程建设。第二，加强科技基础设施和创新载体建设。统筹科研基地、科技资源共享服务平台和科研条件保障能力建设，加大对基础前沿科学研究和大科学装置建设的支持力度，推动重大科技基础设施开放共享。加快建设综合性国家科学中心，优化整合国家工程中心、工程实验室，加快建设关键领域产业创新中心。在北京、上海、武汉、广州、深圳、西安等重要城市建设一批面向基础前沿领域的科技基础设施平台。加快建设网络化服务平台等新型协同创新平台。第三，鼓励科技基础设施、创新载体、大型互联网平台企业向社会开放创新创业平台、计算存储设施和数据资源，提供技术研发、标准和产品服务质量检验检测，支持高技术服务业、知识密集型服务业发展。

（三）推进科技成果转移转化，打通产业高质量发展的路径

科技成果向现实生产力转化不力、不顺、不畅是我国多年来的一大痼疾，产学研合作难以达到预期效果，很大程度上是由于高校和科研院所的研究成果无法满足企业的实际需要。要围绕产业链部署创新链，推动科技和经济社会发展深度融合，打通从科技强到产业强、经济强、国家强的通道，培育产学研结合、上中下游衔接、大中小企业协同的良好创新格局。

一是建立健全企业、高校和科研院所等创新主体高效协同的技术转移体系。要建立高校和科研院所技术转移报告制度，建立健全与市场经济相适应的技术专利拍卖、使用许可付费和以技术要素参股分红等制度，保护自主知识产权成果创造者、所有者的正当权益，推动高校和科研院所的科研成果产业化模式向对企业技术转移转变。要积极探索军民深度融合的科技协同创新体系，支持“军转民”“民参军”齐步走，全面推进军民标准融合，建立国家军民技术成果公共服务平台和国家军民两用技术交易中心，推动科技基础资源的军民互通共享，促进军民科技成果双向转化。要完善创新中介服务体系，培育一批服务专业化、发展规模化、运行规范化的创新服务机构，建设一支高素质的创新服务人才队伍，促进企业之间、企业与高校和科研院所之间的信息传递、知识流动和技术转移。

二是充分发挥企业在科技成果转化为生产力方面的优势。第一，建设企业主导的高水平产学研合作机制。提高企业对国家科技计划、应用导向的科技重大专项方案等决策参与度，加大国家财政资金对企业创新的分配倾斜。创新模式吸纳企业参与国家层面的战略性重大技术攻关，建立需求导向、企业牵头、高校和科研院所以提供研发服务方式参与的关键领域产业技术攻关体系。在急需产业化的重大科技产业前沿领域技术，建立主要项目由企业牵头组织承担的攻关团队。第二，培育一批国际竞争力居世界前列的创新型企业和一大批富有创新活力的中小企业集群。实施创新企业百强工程，强化企业创新主体地位，通过支持企业创新能力建设、引进人才、加强产学研结合等方式，培育一批拥有自主知识产权和知名品牌、具有国际影响力的创新型领军企业。争取用5—10年的时间，使骨干企业真正具备生产一代、研发一代、储备几代的技术创新能力，在若干领域形成颠覆性技术创新能力。第三，以普惠性政策手段持续优化企业创新的制度环境。结合结构性减税的税制改革方向，加大研发费用加计扣除、研发仪器加速折旧等税收政策执行力度，逐步提高抵扣力度。探索对中小创新型企业研发投入的直接税收补贴，最终将研发税收补贴额度稳定在企业全部研发投入的20%水平。提供技术转让、技术开发、技术咨询、技术服务的机构和软件、合同研究等行业企业，对其增值税实际税负超过3%的部分实行即征即退政策。

三是推动大众创业、万众创新持续健康发展。由前期着力突出企业创新主体的地位向既强调企业创新主体地位，又强调最大限度激发人民群众的创新活力拓展，进一步激发人民群众的创新创业活力。第一，明确创新创业的“主攻部队”。顺应新一波创业浪潮呈现技术融合、主体多元的新特征，及时把握科研人员、海外归来人才、大学生、返乡农民等“新四军”以及大中型企业、中小微企业等创新创业过程中遇到的问题和制约，抓住重点、分类施策。第二，明晰创新创业的“主攻方向”。准确把握新一轮科技革命和产业变革的发展趋势，厘清近中短期最有可能实现商业化、带来行业格局颠覆性变化的突破口和重点方向，积极引导各方力量向孕育商业潜力的方向聚焦。第三，抓紧落实系列重大任务部署。持续完善、落实前期系列任务部署和政策措施，进一步推进商事制度、市场准入制度改革，拓宽创业投资退出渠道，完善政策扶持体系，支持创业平台建设。第四，全面营造激发创新创业的生态环境。进一步加强“全国大众创业万众创新活动周”力度，在全社会大力弘扬创新和企业家精神，进一步激活人民群众的创新创业基因。支持“双创”示范基地建设，积极探索可推广可复制的经验，引导建设各具特色的创业创新生态。

（四）营造科技创新生态环境，完善产业高质量发展的制度

创新引领产业高质量发展这个过程既需要人的智慧、创造力，也需要源源不断的知识供给、高风险的资本投入支持，其间充满未知、不确定性，急迫需要稳定的政策支持和良好的体制机制生态，要继续做好“三个环境”建

设，建立健全创新引领产业高质量发展的考评指标体系和评估实施机制。

一是建设汇聚更多创新人才的教育和用人环境。要以素质教育弥补应试教育弊端，持续完善职业教育体系，打造创新型科技人才培养模式。面向国际上争夺创新型人才日趋激烈的竞争态势，结合世界一流大学和一流学科建设，完善留学生培养支持机制，探索试行技术移民。着力解决个税抵扣、网络搜索限制等海外创新型人才普遍关切问题，吸引人才跨境流动。

二是建设有利于更多科技成果实现商业价值的知识产权保护和转化环境。要进一步贯彻落实新修订的科技成果转化法，强化知识产权保护的长效机制，深化以司法为主导的知识产权保护体制机制改革，加大知识产权行政综合执法力度，探索建立知识产权侵权惩罚性赔偿制度。大幅度提高知识产权权利人胜诉率、判赔额，切实加强知识产权行政执法及两法衔接，建立知识产权互联网和移动互联网联网查询平台，构建快速维权与维权援助网络，加快知识产权服务市场化、社会化和专业化发展。

三是建设吸引更多资金支持创新的投融资政策和制度环境。要完善财政资金补贴创新的方式手段，发挥政府引导资金的示范和撬动作用。针对商业银行、政策性银行支持创新中遇到的抵押物不足、回报周期长、不良资产率高等问题，积极引入担保公司等第三方机构，以投贷联动、政府联合金融机构风险担保等多种方式，引导政策性金融机构向早期投资、风险投资倾斜。大力发展创业投资和多层次资本市场，完善科技创新和金融结合机制，构建各类金融工具协同融合的科技金融生态。加快推进注册制改革，建立多层次资本市场，拓宽投资退出渠道。

四是建立健全创新引领产业高质量发展的考评指标体系和评估实施机制。第一，强化反映创新引领产业高质量发展的各类指标。在现行定期公布的国民经济和社会发展统计公报中，可考虑增加研发投入、科技成果转化率、劳动生产率、知识密集型产业增加值占比、创新型企业数量及变化情况等相关指标。此外，加快推动在各省（自治区、直辖市）公布的统计公报中尽早纳入上述指标数量及变化情况。第二，加快对地方干部和国有企业等业绩考核指标体系的改革。避免以量、以资产安全和保值增值作为考核业绩的唯一标准，吸纳更多反映创新绩效的指标作为重要的考核评价依据。第三，鼓励各类第三方独立研究机构、民间智库、企业研究院等发布创新引领产业高质量发展综合情况及行业、企业创新情况的指标及指数。充分借鉴美国、欧盟、OECD等权威研究机构相关方法和经验，综合运用统计工具和大数据方法等多渠道、多维度反映国家、地区、行业、企业创新驱动发展动态和趋势。

参考文献

[1]程都、邱灵：《基于评价指标视角的创新创业发展趋势研究》，《宏观经济管理》，2019年第5期。

[2]崔维军、郑伟：《中国与主要创新经济体创新能力的国际比较：基于欧盟创新指数的分析》，《中国软科学》，2012年第2期。

[3]国家发展和改革委员会产业经济与技术经济研究所：《中国产业发展报告2017：迈向中高端的产业发展》，经济科学出版社2017年版。

[4]国家发展和改革委员会产业经济与技术经济研究所：《中国产业发展报告2018：迈向高质量发展的产业新旧动能转换》，经济科学出版社2018年版。

[5]黄汉权、任继球：《新时期我国产业政策转型的依据与方向》，《经济纵横》，2017年第1期。

[6]江小涓：《利用全球科技资源提高自主创新能力》，《求是》，2006年第7期。

[7]姜江：《加快建设创新型国家：机理、思路、对策——基于新经济、新动能培育的视角》，《宏观经济研究》，2018年第11期。

[8]姜江：《加快实施创新驱动发展战略的思路和举措》，《经济纵横》，2018年第4期。

[9]姜江:《建设创新型国家关键要推动三大拓展、六大举措》,《经济日报》,2017年11月16日。

[10]姜江、韩祺:《“十三五”时期我国创新驱动发展的思路与任务》,《全球化》,2016年第9期。

[11]姜江、邱灵、韩祺、曾智泽:《2016年我国创新创业发展回顾与2017年展望》,《中国经贸导刊》,2017年第10期。

[12]刘春雨:《2020 年我国全面迈入创新型国家行列——基于创新型国家评价体系的视角》,《宏观经济管理》,2017年第1期。.

[13]刘健钧:《新经济时代创业投资需实现七大转化》,《中国基金报》,2018年11月3日。

[14]刘现伟:《培育企业家精神激发创新创业活力》,《宏观经济管理》,2017年第3期。

[15]邱灵:《切实提升创新创业的质量和水平》,《经济日报》,2018年6月14日。

[16]邱灵、韩祺、姜江:《我国创新创业发展形势及建议》,《宏观经济管理》,2018年第5期。

[17]邱灵、姜江:《客观看待我国首次跻身全球创新25强》,《宏观经济管理》,2017年第1期。

[18]盛朝迅:《打造“双创”升级版的重要着力点》,《经济日报》,2018年11月1日。

[19]王昌林:《释放中国创新发展的潜力》,《宏观经济管理》,2014年第7期。

[20]王昌林:《我国重大技术发展战略与政策研究》,经济科学出版社2017年版。

[21]王昌林:《扎实推进现代化经济体系建设》,《求是》,2018年第1期。

[22]王昌林、姜江、盛朝迅、韩祺:《大国崛起与科技创新——英国、德国、美国和日本的经验与启示》,《全球化》,2015年第9期。

[23]王云平:《我国产业政策实践回顾:差异化表现与阶段性特征》,《改革》,2017年第2期。

[24]杨明国、金瑞庭:《全球产业变化新动向对我国产业发展的影响与对策》,《宏观经济研究》,2017年第6期。